2025年春

志望校 合格判定テスト

実力診断

その1・その2

正答例と解説

目　次

《国　語》 その１

一　①りだつ　②くうきょ　③つの　④い
⑤積極　⑥粉末　⑦祝　⑧拾

二　問一．苦しみを減らす活動／喜びをもたらす活動　問二．ｄ
問三．文化…外見や調度が美しく、心のゆとりを与えてくれること。　文明…雨露をしのいで休息と睡眠をとれること。
問四．被災地にお見舞いに行ったとき、人々が、生活が厳しい中でも文化としての楽しみを得ようとして書物を探していたから。　問五．ア　問六．先人たちの残してくれた知識
問七．（例文）将来自分がなりたい職業や、趣味やボランティアでやってみたい活動を具体的に考え、そのために役立ちそうな知識を学校の学習の中で見つけようと心がければよい。

問二　ｄは、物事の性質や状態を表す語で、活用があり、終止形が「～だ」となるので、形容動詞。ａは動詞の連用形が、ｂは形容詞の連用形が名詞になったもので、ｃは形容動詞「不便だ」の語幹に接尾語「さ」がついて名詞になったもの。これらの名詞を転成名詞という。

問三　この前の内容より、「文明」は、「苦しみを減らす活動」で「なくてはならない必要なものを生み出す」ものである。一方「文化」は、「喜びをもたらす活動」で「命の維持《いじ》を超《こ》えた価値を作り出し、人間らしい生活を提供」してくれるものである。よって家屋では、「外見や調度が美しく、心のゆとりを与えてくれる」という面が「文化」に、「雨露《あめつゆ》をしのいで休息と睡眠《すいみん》をとる」ことができるという面が「文明」にあたる。

問四　筆者が東日本大震災《だいしんさい》の後、被災地《ひさいち》にお見舞《みま》いに行ったとき、「被災した人々は～生活が厳しい中でも～文化としての楽しみを得ようとして書物を探していた」。書物（＝文化）は、衣食住のような生命の維持に必須のものではないと思われがちだが、人々が、生活が安定しない中でも書物を必要としていたことから、筆者は「人間は根源的に文化を必要としている」と感じた。だから「不必要な贅沢品《ぜいたくひん》」だとは言えないのである。

問六　最後から３段落目に「何かをうまく達成するためには、先人たちの残してくれた知識が役に立ちます。ひとつ目の『見取り図や地図のようなもの』がそれにあたります」とある。

問七　筆者は、「何かができるようになりたい」と思う気持ちが「学ぼうとする意欲」につながると考えている。この気持ちがあるから、知識を得たいと思うのである。最後から２段落目に、この気持ちは「まさに何かをやってみたり～楽しみを与えてくれているのを知る経験から生まれます」とあること、最後の段落に「具体的に何かができるようになりたいという意欲が、知識とスキルの必要性を理解させ～改良しようとする気持ちにつながります」とあること等を参考に、自分の考えをまとめる。

三　問一．新弟子が自分より上手く仕事をこなすのではないかと不安になっていたから。　問二．ウ　問三．イ　問四．怒られることや失敗することがあっても、一年間、逃げずに、真面目に頑張ってきたところ。　問五．ア　問六．担いでいる太鼓を、兄弟子がトトントントンと打ち鳴らす音
問七．名古屋場所　問八．初め…青空に　終わり…かった〔別解〕った。　問九．篤は、ずっと目標にしてきた直之さんからこの一年の努力や成長を認められたことで自信が芽生えたから。

問一　４～５行後の「その新弟子は～そのうち自分より上手くこなすかもしれないと不安になり」に、傍線部《ぼうせんぶ》①のときの篤《あつし》の気持ちが書かれている。

問二　「異変」とウの「河川」は、同じような意味の漢字の組み合わせ。アは反対の意味の漢字の組み合わせ。イは上の漢字が主語で下の漢字が述語になっている。エは「（下の漢字）を（上の漢字）する」の形になっている。オは上の漢字が下の漢字を修飾している熟語。

問三　「仕切り直す」は相撲《すもう》から生まれた言葉。両力士の呼吸が合わず、仕切りをやり直すという意味がある。

問四　直之《なおゆき》さんの、傍線部③と④の間の言葉「お前は怒られることも失敗することもたくさんあったけどさ、一年間、逃げずにやってきただろ。ちゃんと、お前は頑張ってたよ」「この一年、真面目にやってきた～お前がこの仕事に真剣になってる証拠だよ」等からまとめる。

問五　３行前の「直之さんは急に真顔になって、もう二度とこんなこと言わねえからな」から、直之さんが、篤をほめて励ましたことに照れていることがうかがえる。しかし、篤が自分の言葉を素直に受け取ってお礼を言ったので、力になれたとうれしく思っていると考えられる。よってアが適する。

問七　傍線部⑤の直後からが後半の場面である。前半は名古屋場所の準備の後に喫茶店《きっさてん》に行った場面、後半は名古屋場所前日の土《ど》俵祭《ひょうまつり》の場面である。

問八　幟《のぼり》を「鮮やかな彩《いろど》りを添える」、櫓《やぐら》を「空に向かって～粋《いき》で気高く、美しかった」と、美しく良いものに感じていることから、篤が相撲の世界に魅力を感じていて、呼出《よびだし》の仕事に前向きに取り組むであろうことが予想できる。

問九　新弟子が入ることを知り、不安を感じていた篤だが、目標としてきた直之さんが「大丈夫。お前なら、これからもちゃんとやっていける」と言ってくれたことで、「そっか。こんな俺でも、大丈夫なんだな」と自信を持つことができた。

四　問一．カ　問二．「若者言葉」に乱れを感じている割合は「十六～十九歳」が最も高いのに対し、「二十代」は最も低い
問三．（例文）基本調査においてこの項目の数値がそれほど高くないのは、人々が慣用句を本来とは異なる意味で認識していることに気づいていない場合が多くあるからではないでしょうか。言葉の意味が時代と共に変化するのは自然なことではありますが、本来の意味を理解することも大切だと思いました。

《社　会》 その1

1　(1)①アボリジニ　②2811　③カナダ　④エ　⑤露天掘り
⑥ⅰ．強い偏西風のために，東京からは追い風，ニューヨークからは向かい風になるから。　ⅱ．12，1，午後6
(2)①記号…D　国名…サウジアラビア　②記号…c　正しい語句…OPEC〔別解〕石油輸出国機構　(3)イ

(1)②　18618 × 0.151 = 2811.3…
③　地図1を見ると鉄鉱石の輸入先上位として，オーストラリア，ブラジル，南アフリカ共和国，カナダが塗《ぬ》られている。
④　ア．オーストラリアは大西洋に面していない。イ．オーストラリアも東経135度線は通る。ウ．南極大陸からは輸入していない。
⑥ⅰ　中緯度帯には偏西風，低緯度帯には貿易風が吹く。
ⅱ　経度差15度で1時間の時差が生じる。日本は東経135度の経線を標準時子午線としているから，経度差は135 + 75 = 210（度），時差は210 ÷ 15 = 14（時間）ある。羽田空港を出発したときのニューヨークの時刻は12月1日午前5時だから，到着時間は13時間後の12月1日午後6時。
(2)①　Aはクウェート，Bはカタール，Cはアラブ首長国連邦。
②　APECは，アジア太平洋経済協力の略称である。
(3)　南半球には冷帯地域はないことを覚えておく。アは乾燥帯，ウは熱帯，エは寒帯，オは温帯。

2　(1)ペキン／札幌　(2)沖ノ鳥島が水没し，日本の排他的経済水域が減少することを防ぐため。　(3)イ　(4)①［[A]，松江市］［[C]，高松市］［[D]，松山市］　②三角州〔別解〕デルタ
③夏の季節風は四国山地を，冬の季節風は中国山地をそれぞれ越えるときに雨や雪を降らせ，乾いた風が瀬戸内地方に吹き込むため。　④エ　⑤ウ　(5)イ
(6)①立地場所…臨海部に立地している。
理由…原料や燃料となる原油のほとんどを海外からの輸入に依存し，その輸入と製品の輸出に船を利用するため。
②太平洋ベルト　(7)瀬戸大橋が開通したから。

(1)　熊本を中心としてウラジオストクを通る円を描くと，ペキンと札幌が円の外になる。
(2)　島の名称がないものは0点とする。排他的経済水域は，沿岸から200海里以内の海域のうち，領海を除く範囲で，水産資源や鉱産資源を自国のものにできる。
(3)　bは青森県，cは三重県，eは長崎県。リアス海岸や多数の島があると海岸線は長くなる。
(4)③　夏は太平洋側に雨が多く降り，冬は日本海側に雪が多く降ることで，瀬戸内や中央高地は1年を通して降水量が少ない。
④　（65歳未満の人口）＝（総人口）－（65歳以上の人口）より，[A]は442（千人），[B]は1980（千人），[C]は649（千人），[D]は895（千人），[E]は448（千人）だから，[B]＞[D]＞[C]＞[E]＞[A]になる。
⑤　等高線の間隔が広いほど，斜面の傾斜は緩やかになる。広葉樹林の地図記号は（Q）である。東側の（Λ）は針葉樹林。
(5)　2000年度以降の果実の自給率が50%を下回っていることから，2000年度以降の果実の輸入量は，果実の国内生産量を上回っていることがわかる。
(6)①　臨海部に立地していることが書けていればよい。
(7)　瀬戸大橋は，自動車と電車での通行が可能なため，大人も子どもも容易に移動できる。

3　(1)㋐，㋒　(2)①戦いの名称…白村江の戦い　記号…イ
②ウ　③水城　(3)①㋑太政大臣　㋺自分の娘を天皇に嫁がせ，生まれた子を天皇　②エ→イ→ア→ウ　③ウ　④㋑倭寇の取り締まり　㋺勘合　(4)①ア　②座の特権をなくし，市場での税を免除して商工業を活発にするため。　③関所　(5)㋖
(6)①ア　②ロシアを警戒して蝦夷地の調査をしたり，幕府への批判にもつながった異国船打払令を出したりすることで，鎖国を続けた。　(7)㋑立憲制国家としての体制　㋺ロシアの南下を抑える　(8)①満州国を承認せず，日本軍
②ア→ウ→エ→イ

(1)　Pは㋖（福岡県），Qは㋕（兵庫県），Rは㋔（大阪府），Sは㋓（愛知県），Tは㋗（長崎県），Uは㋑（神奈川県）。
(2)①　大化の改新を始めた中大兄皇子は，百済の復興を助けるために，663年に白村江に出兵したが，唐と新羅の連合軍に大敗した。
③　防御施設として，水城や山城が築かれた。
(3)①　平安時代，母子は母の実家で生活するため，母方の祖父の影響力が強かった。
②　エ（1185年）→イ（1192年）→ア（1221年）→ウ（1232年）
③　日明貿易を始めたのは足利義満だから，ウの金閣を選ぶ。アは厳島神社，イは東大寺南大門，エは法隆寺。
④　㋑は倭寇という語句がないものは0点とする。
(4)①　鉄砲は，中国船に乗っていたポルトガル人が伝えた。
②　座の特権をなくすこと，市場での税を免除することが書けていればよい。
③　織田信長は，物資や兵力を輸送しやすいように道路を整備し，関所を廃止した。
(5)　東京港と比べて貿易額が少なく，貿易相手が東アジアに限定されていることなどから，大陸と近い博多港と判断する。
(6)①　レザノフは，ラクスマンの得た入港許可証を携えて長崎に来航し通商を求めたが，幕府に拒否された。
②　ラクスマンとレザノフはロシアの使節，フェートン号はイギリスの船。幕府はロシアとの通商を断る一方で，間宮林蔵や近藤重蔵らに蝦夷地の調査を行わせ，蝦夷地を幕領にして，ロシアの南下に備えた。また，異国船打払令を出し，モリソン号を攻撃すると，これを批判した高野長英や渡辺崋山を処罰した（蛮社の獄）。
(8)①　中国が日本の武力侵略を国際連盟に訴えると，国際連盟は，リットン調査団を派遣した。
②　ア（1940年）→ウ（1945年）→エ（1951年）→イ（1972年）

《数　学》　その１

1 (1)　$2-(-4)\times 3=2-(-12)=2+12=14$

答　**14**

(2)　$7(a+3b)-(4a-b)=7a+21b-4a+b=3a+22b$

答　$\boldsymbol{3a+22b}$

(3)　$(x-2)(x+1)-(x-5)^2=x^2-x-2-(x^2-10x+25)=$

$x^2-x-2-x^2+10x-25=9x-27$

答　$\boldsymbol{9x-27}$

(4)　$\dfrac{16}{\sqrt{2}}-\sqrt{18}=\dfrac{16\sqrt{2}}{2}-3\sqrt{2}=8\sqrt{2}-3\sqrt{2}=5\sqrt{2}$

答　$\boldsymbol{5\sqrt{2}}$

2　$4x^2-12x-40=4(x^2-3x-10)=4(x-5)(x+2)$

答　$\boldsymbol{4(x-5)(x+2)}$

3　$\dfrac{3}{4}x-1=\dfrac{3}{8}x+2$

両辺を８倍すると，$6x-8=3x+16$　　$6x-3x=16+8$

$3x=24$　　$x=8$

答　$\boldsymbol{x=8}$

4　$(3x^2y-15xy^2)\div(-6x)=-\dfrac{3x^2y}{6x}+\dfrac{15xy^2}{6x}=-\dfrac{1}{2}xy+\dfrac{5}{2}y^2$

この式に$x=-\dfrac{2}{3}$，$y=6$を代入すると，

$-\dfrac{1}{2}\times\left(-\dfrac{2}{3}\right)\times 6+\dfrac{5}{2}\times 6^2=2+90=92$

答　**92**

5　谷折りで組み立てると，右図のようになる。平行ではなく交わらない２直線があるとき，この２直線はねじれの位置にある。辺ＤＥは辺ＢＡと重なるので，○印で示した辺ＣＦと辺ＨＦが，辺ＤＥとねじれの位置にある。

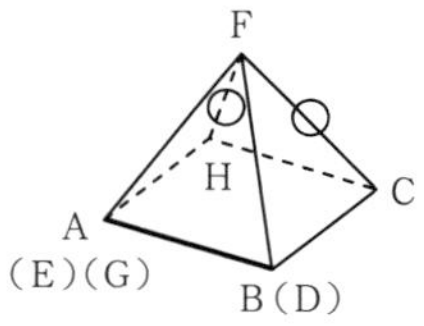

答　**辺ＣＦ，辺ＨＦ**

6 (1)　$(相対度数)=\dfrac{(その階級の度数)}{(度数の合計)}$ だから，$\dfrac{7}{35}=0.2$

答　**0.2**

(2)　第３四分位数は，データを大きさ順に並べたときの上位半分の中央値である。データが35個で奇数だから，中央値を除いて半分に分ける。第３四分位数は上位の$\dfrac{35-1}{2}=17$(個)のデータの中央値だから，大きい方から９番目のデータである。このデータが含まれる階級は20m以上25m未満である。

答　**20m以上25m未満**

7　２本の当たりくじを①，②，３本のはずれくじを3，4，5とする。すべてのくじの引き方は，下の樹形図の20通りある。

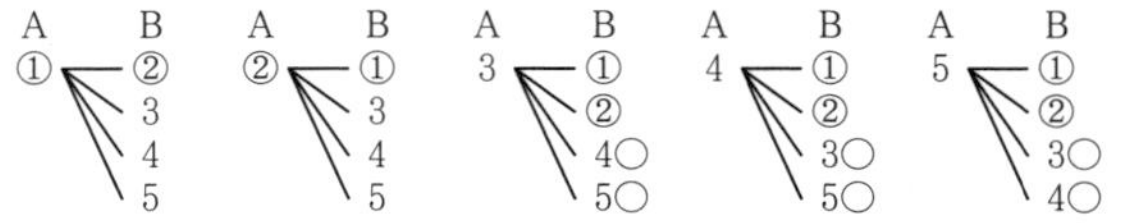

そのうち，２人ともはずれくじを引く引き方は○印の６通りである。よって，求める確率は，$\dfrac{6}{20}=\dfrac{3}{10}$

答　$\boldsymbol{\dfrac{3}{10}}$

8　点Ｐは，２点Ａ，Ｂからの距離が等しい位置にあるので線分ＡＢの垂直二等分線上にある。同様に考えると，点Ｐは線分ＢＣ，ＣＡの垂直二等分線上にもあるので，線分ＡＢ，ＢＣ，ＣＡの垂直二等分線のうち２本をひくと，その交点がＰとなる。点Ｑは，点Ｐを回転の中心として，点Ｃを180°回転移動した点なので，直線ＣＰ上にあり，ＰＣ＝ＰＱとなる。

答

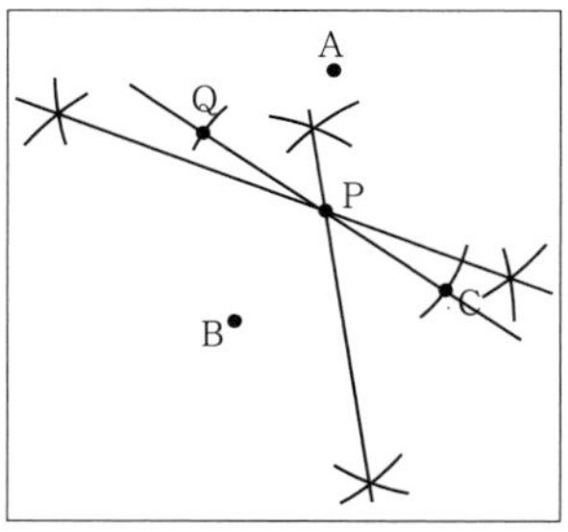

・正しい作図方法であれば，ほかの方法でもよい

・「Ｐ」,「Ｑ」の書き落としはそれぞれ１点の減点とする

9　学校から動物園までの道のりを文字式で表すと$(x+y)$mで，分速80mで歩いて50分かかったのだから，$x+y=80\times 50$……①

動物園を出発し，学校まで帰るのにかかった時間の合計が70分だから，$\dfrac{y}{70}+10+\dfrac{x}{60}=70$……②

連立方程式　$\begin{cases} \boldsymbol{x+y=80\times 50} \\ \boldsymbol{\dfrac{y}{70}+10+\dfrac{x}{60}=70} \end{cases}$

・変形して正答例と同じになる式が書かれていれば，１つにつき１点とする

①を整理すると，$x+y=4000$……③

②を整理すると，$7x+6y=25200$……④

④－③×6より，

$7x+6y=25200$

$-)\ 6x+6y=24000$

$x\qquad=1200$

③に$x=1200$を代入すると，

$1200+y=4000$

$y=4000-1200=2800$

よって，学校から公園までの道のりは1200m，公園から動物園までの道のりは2800mである。

これは，条件にあう。

答

学校から公園までの道のり	**1200m**
公園から動物園までの道のり	**2800m**

・「答」は完答で２点とする

10(1)　加湿器Ａの中の水の量は，正午から午後１時までは毎時600mL，午後１時から午後４時までは毎時800mL，午後４時から午後６時までは毎時400mLで減る。したがって，午後１時は$4800-600\times1=4200$(mL)，午後４時は$4200-800\times3=1800$(mL)，午後６時は$1800-400\times2=1000$(mL)になる。よって，
点(0，4800)，点(1，4200)，点(4，1800)，点(6，1000)を順に直線で結ぶ。

答
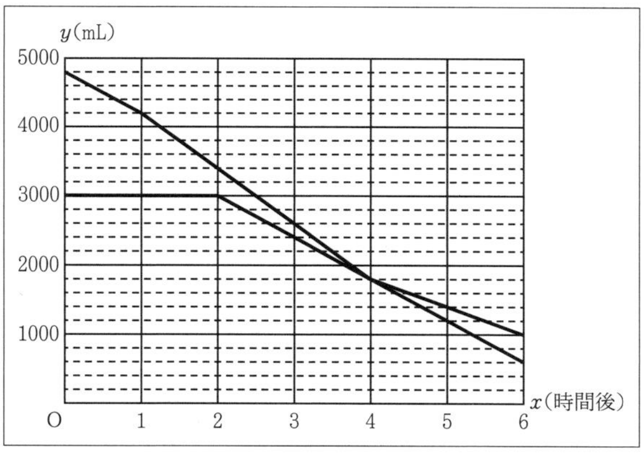

(2)　(1)でかいたグラフより，午後６時になったとき，加湿器Ａの中には1000mL，加湿器Ｂの中には600mLの水が残っているとわかる。よって，加湿器Ａの方が，$1000-600=400$(mL)多い。

答　**加湿器Ａの方が400mL多い**

11(1)　点Ａの座標→aの値→点Ｃの座標の順に求める。点Ａは直線②上の点だから，$y=\frac{1}{2}x-2$に$x=-2$を代入すると，
$y=\frac{1}{2}\times(-2)-2=-3$となるので，Ａ$(-2,\ -3)$である。双曲線①は点Ａを通るので，$y=\frac{a}{x}$に$x=-2$，$y=-3$を代入すると，$-3=\frac{a}{-2}$より，$a=6$となる。点Ｃは双曲線①上の点だから，$y=\frac{6}{x}$に$x=3$を代入すると，$y=\frac{6}{3}=2$となるので，
Ｃ(3，2)

答　Ｃ(3，2)

(2)　平行四辺形の対角線は面積を２等分するから，直線ＢＤの傾きを求める。①または②の式と点Ｂのx座標から，Ｂ(6，1)とわかる。
ＡＤ//ＢＣ，ＡＤ＝ＢＣで，点Ｃは，点Ｂから左へ$6-3=3$，

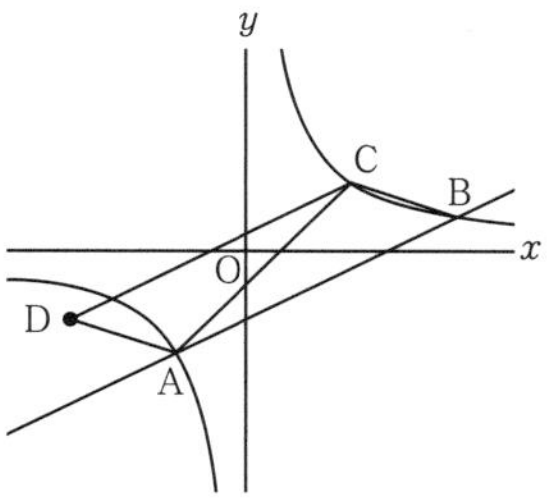

上に$2-1=1$だけ移動した位置にある。したがって，点Ｄは，点Ａから左へ3，上に1だけ移動した位置にあるから，x座標が$-2-3=-5$，y座標が$-3+1=-2$で，Ｄ$(-5,\ -2)$となる。
よって，直線ＢＤの傾きは，$\frac{(y\text{の増加量})}{(x\text{の増加量})}=\frac{1-(-2)}{6-(-5)}=\frac{3}{11}$

答　$\frac{3}{11}$

12　できる立体は，底面の半径3cm，高さ8cmの円柱から半径3cmの半球を取り除いた右図のような立体である。円柱の体積は$3^2\pi\times8=72\pi$(cm³)，取り除いた半球の体積は$\frac{4}{3}\pi\times3^3\div2=18\pi$(cm³)
よって，求める体積は，$72\pi-18\pi=54\pi$(cm³)

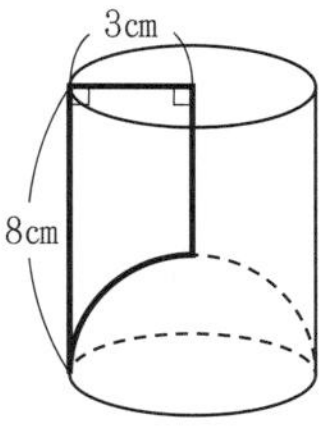

答　54π cm³

13　$\angle$ＢＡＰ＝$\angle$ＢＡＤ－$\angle$ＰＡＤ＝60°－20°＝40°
$\angle$ＢＡＱ＝$\angle$ＰＡＱ－$\angle$ＢＡＰ＝90°－40°＝50°
△ＢＡＱの内角の和より，$\angle x$＝180°－$\angle$ＡＢＱ－$\angle$ＢＡＱ＝180°－60°－50°＝70°

答　70度

14　証明のために必要な条件を図にかきこむと，右のようになる。

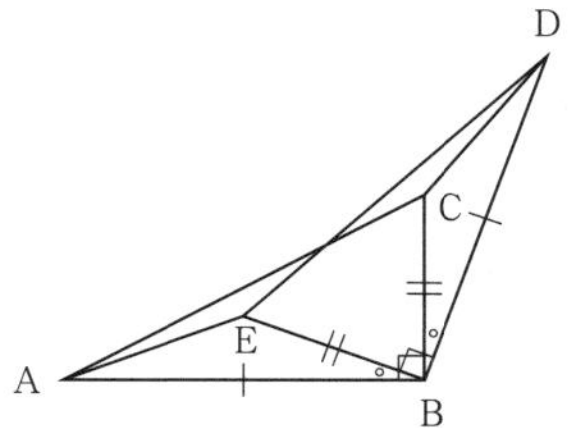

〈証明〉
△ＡＢＥと△ＤＢＣにおいて，
合同な図形の対応する辺の長さは等しいので，
△ＡＢＣ≡△ＤＢＥより，
ＡＢ＝ＤＢ ……①
ＢＥ＝ＢＣ ……②
∠ＡＢＥ＝∠ＡＢＣ－∠ＥＢＣ＝90°－∠ＥＢＣ……③
∠ＤＢＣ＝∠ＤＢＥ－∠ＥＢＣ＝90°－∠ＥＢＣ……④
③，④より，∠ＡＢＥ＝∠ＤＢＣ ……⑤
①，②，⑤より，２組の辺とその間の角がそれぞれ等しいから，
△ＡＢＥ≡△ＤＢＣ

・証明の根拠となる□の内容が１つでもなければ０点とする
・∠や△の付け落としは，複数でも１点のみの減点とする
・理由の説明が不十分な場合は，それぞれ１点の減点とする
・ほかの証明でも，根拠が正しく，筋道が通っていればよい

1　(1)①**硫化鉄**　②**塩酸に入れる。／磁石を近づける。**など から1つ
(2)①**マグマのねばりけが強い。**　②**エ**　(3)①粒子…**電子**
性質…**－の電気を帯びている性質。**　②**a**
(4)①**獲物との距離をつかみやすい。**　②記号…**E**
説明…**草をすりつぶすための臼歯が発達している。**〔別解〕**草を食いちぎるための門歯が発達している。**

(1)　鉄と塩酸が反応すると無臭の水素が発生し，硫化鉄と塩酸が反応すると卵のくさったようなにおいがする硫化水素が発生する。また，鉄は磁石につくが，硫化鉄は磁石につかない。
(2)　図3のような火山には，昭和新山や雲仙普賢岳，図4のような火山には，マウナロアやキラウエアがある。
(3)　①電子は－の電気を帯びているので，＋極側に曲がる。　②U字形磁石のN極とS極の向きを反対にすると，磁界の向きが反対になるので，電流が磁界から受ける力の向きも反対になる。
(4)　①肉食動物の目は前方についており，立体的に見える範囲が広くなって，獲物との距離をつかみやすい。また，草食動物は目が側面についており，視野が広くなって，外敵を見つけやすい。

2　(1)**NH_3**　(2)**アンモニアは水に溶けやすく空気よりも密度が小さいから。**　(3)**青**　(4)**蒸留**　(5)**発生した気体の温度を測るため。**　(6)**Aの密度はCよりも小さい。**　(7)①**2**　②**3**
(8)**イ，エ，オ**

(3)　BTB溶液は酸性で黄色，中性で緑色，アルカリ性で青色を示す。アンモニアは水に溶けるとアルカリ性を示す。
(6)　実験2のマッチの火をつけたときのようすなどから，Aに含まれるエタノールの割合はCよりも大きいことがわかる。
(7)　化学反応式では，反応の前後で原子の種類と数が等しくなるように係数をつける。炭素原子(C)の数に着目すると，①は2，水素原子(H)の数に着目すると，②は3だとわかる。
(8)　食塩水は水と塩化ナトリウム，塩酸は水と塩化水素，みりんはさまざまな物質が混ざり合った混合物である。

3　(1)**エ**　(2)**水(や肥料分)**　(3)**維管束**　(4)**c**　(5)**水蒸気**
(6)**ウ**　(7)**BTB溶液の色の変化がオオカナダモによることを確かめるため。**　(8)**二酸化炭素**　(9)**オオカナダモが呼吸よりも光合成を盛んに行って二酸化炭素の量が減少したから。**

(1)　ア，イ，ウは単子葉類である。
(2)(4)　図1のa，図2のdは根で吸収した水が通る管(道管)，図1のb，図2のcは葉で作られた栄養分が通る管(師管)である。
(6)　葉の表皮には，0.4×0.4×3.14＝0.5024(㎟)あたり40個の気孔があるので，1㎟あたりおよそ80個の気孔がある。
(8)　二酸化炭素は水に溶けると酸性を示す。Xでは光が当たらないので，オオカナダモは光合成を行わず，二酸化炭素が増加する。

4　(1)**凝灰岩**　(2)**地層をつくる岩石の粒が小さくなっていったから。**　(3)**エ**
(4)**西**　(5)右図　(6)**P波を感知し，大きなゆれがくると予想される地域にS波の到達時刻や震度を伝えるシステム。**
(7)**横から押す力。**　(8)**海洋プレートが大陸プレートの下に沈み込んで，大陸プレートにひずみが生じ，はね返る。**

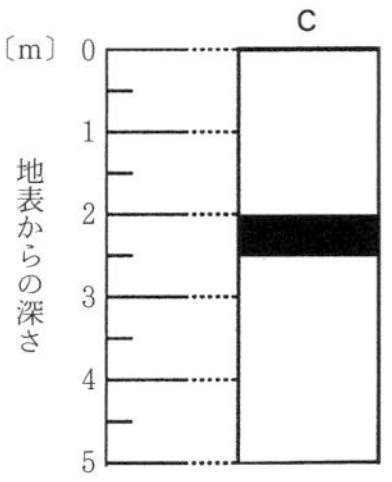

(2)　地層はふつう下から順に堆積するので，下に行くほど古い。れき(直径2㎜以上)，砂(直径0.06㎜～2㎜)，泥(直径0.06㎜以下)は粒の大きさで区別する。粒が小さいほど沖合の深い海まで運ばれて堆積するので，地層が上にいくにつれて粒が次第に小さくなっていくとき，この地域は海岸から遠ざかっていったと考えられる。
(3)　火山灰の層は同じ時期に堆積したので，火山灰の層より下にあるYが最も古く，すぐ上にあるZが次に古く，Xが最も新しい。
(4)　火山灰の層の上面の標高を比べる。Aは18＋1＝19(m)，Bは17＋2＝19(m)，Dは20－3＝17(m)だから，南北方向に傾きはなく，D側(西側)が低くなるように傾いていることがわかる。
(5)　(4)より，Cの火山灰の層の上面の標高はDと同じ17mである。Cの標高は19mだから，地表からの深さが2mのところに火山灰の層の上面がある。

5　(1)**入射角は屈折角よりも小さい。**　(2)名称…**全反射**
利用例…**光ファイバー**　(3)下図　(4)**垂直抗力**
(5)右グラフ　(6)**50**　(7)**9.0**

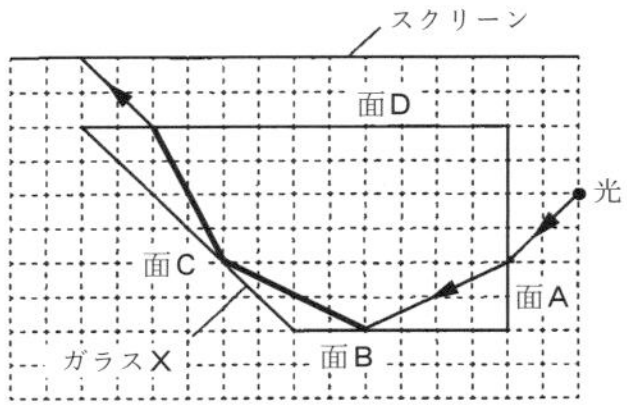

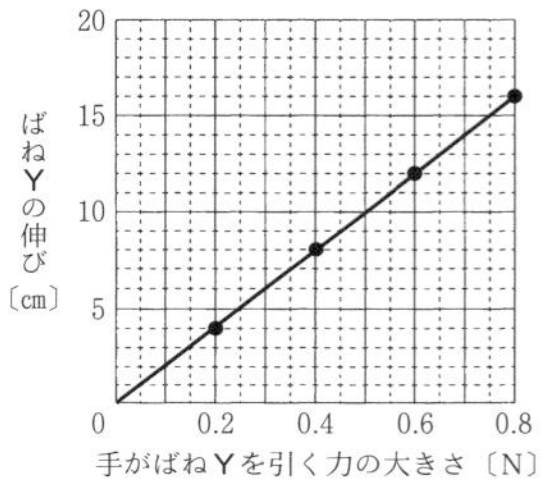

(1)　入射角や屈折角は光と境界面に引いた垂線との間にできる角である。光がガラスから空気中へ進むとき，境界面でガラス面に近づくように屈折するので，入射角は屈折角よりも小さい。
(3)　B，Cでは入射角と反射角が等しくなるように反射する。
(4)　下向きに重力，上向きに垂直抗力がはたらく。
(5)　手がYを引く力の分だけ，電子てんびんがEから受ける力の大きさは小さくなる。よって，Yを引く力の大きさが0.8NのときYの伸びが16.0㎝の比例のグラフをかく。
(6)　表より，Yの伸びが4.0㎝増えると電子てんびんの示す値が20g減るので，Yの伸びが4.0㎝から2.0㎝増えて6.0㎝になると，電子てんびんの示す値が$20\times\frac{2.0}{4.0}=10$(g)減って50gになる。
(7)　120－75＝45(g)→0.45NがYにかかる。(5)のグラフより，力の大きさが0.45NのときのばねYの伸びを読み取る。

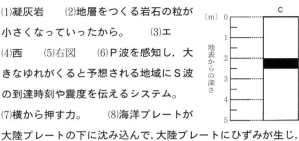

《英　語》 その1

1　(1)ウ　(2)エ　(3)エ　(4)イ

2　① 13　②人口　③興味がある　④家がきれい
⑤コーヒーを飲み

3　(1)ア　(2)ア　(3)gives them some information
(4)Her goal is to be a bridge（下線部は It でもよい）

4　(1)①エ　②イ　③カ　④オ　(2)教子が授業の前に彼らの国についての情報を入手しなかったから。　(3)イ，エ

(1)①　直後の教子の発言「わくわくしたよ」より，サラは国際イベントの様子を尋ねたと考えられる。
②　直後の教子の発言「テーマは気候変動だよ」より，サラは教子に何について話し合ったかを尋ねたと考えられる。
③　前後の教子の発言より，国ごとの文化の違いを理解することが大切なことがわかる。
④　直後に教子が国際イベントで出たアイデアの例を挙げているので，サラはどんなアイデアが出たかを尋ねたと考えられる。
(2)　教子の5回目の発言の3～4行目，because以下の内容を日本語で答える。
(3)　ア「教子は気候変動について話すためにオーストラリアに行きました」…教子はオーストラリアには行っていない。　イ「教子は国際イベントで5か国の外国人学生と話しました」…教子の2回目の発言と一致。　ウ「教子は国際イベントの後，地球温暖化について勉強しました」…本文にない内容だから不一致。
エ「教子は，国際イベントの前に5か国のことを学びました」…教子の6回目の発言と一致。　オ「教子は，地球温暖化について考えることが何よりも大切だと学びました」…教子は準備をすることが何よりも大切だと学んだ。

【本文の要約】

教子：こんにちは，サラ。元気？
サラ：元気よ！昨日，国際イベントに参加したそうね。
①エ どうだった？
教子：わくわくしたよ。5つの国から10名の外国人学生が日本の学生と地球規模の問題について話し合うために日本に来たよ。
サラ：すごい！②イ 何について話し合ったの？
教子：テーマは気候変動だよ。この問題を解決するためのアイデアがいくつか出たの。いい経験をしたよ。
サラ：あなたは上手に英語を話すから，あなたにとって留学生と協力することは難しいことではないと思うな。
教子：うーん，私は英語を話すのが好きだけど，昨年は困ったことがあったよ。
サラ：何が問題だったの？
教子：英語の授業で，オーストラリアの学生とインターネット上で話したの。私たちは地球温暖化について話したんだけど，授業の前に彼らの国についての情報を入手しなかったために，スムーズに進まなかったよ。それが失敗だったよ。日本の文化とオーストラリアの文化は同じではないものね。
サラ：なるほど。留学生と協力するとき，③カ それぞれの国にはそれぞれの文化があるとわかっていることがとても重要だね。
教子：そうだね。私は昨日のイベントのために，5つの国について学んだよ。事前に情報を入手しておいたおかげで，留学生との話がはずんだよ。私たちは自分たちの違いを知り，それらを尊重したよ。だから，いくつかすばらしいアイデアが出たよ。
サラ：④オ どんなアイデアが出たの？
教子：例えば，化石燃料の使用量を減らすために節電する必要があるよね。そして私たちは車を使う代わりに自転車に乗るべきよ。
サラ：なるほど。あなたは経験からたくさん学ぶことができたのね。
教子：私は準備することが何よりも大切だと学んだよ。

5　(1)ずっとメジャーリーグの試合を観戦したいと思っていたから。
(2)イ　(3)㋐took　㋑loved　(4)アメリカに29チーム，カナダに1チームある。　(5)I often hear the music at
(6)①Eita's family did.　②Because only the best players around the world are chosen.　(7)イ，ウ

(1)　直後の英太の発言を日本語にする。
(2)　第3段落の3～5行目から，英太たちが観戦した試合には2人の日本人選手が出場しており，1人は投手，1人は打者であることがわかる。
(3)㋐　過去の文だから，過去形のtookにする。　㋑〈be動詞＋過去分詞〉で「～される」という受け身の形にする。
(4)　直後の1文より，アメリカに29チーム，カナダに1チームあることがわかる。
(5)　often「よく」のような頻度を表す副詞は，一般動詞の前，be動詞の後に入れる。
(6)①　「アメリカの古く美しい街に1年間滞在したのは誰ですか？」…第1段落1～2行目より英太の家族である。
②　「メジャーリーグのチームに入るのが難しいのはなぜですか？」…第3段落12行目のBecause以下を答える。
(7)　ア「英太とポールは日本の同じ学校の生徒でした」…日本ではなくアメリカである。　イ「緑のフィールドが広くて美しかったので，英太は何も言えませんでした」…第3段落2～3行目の内容と一致。　ウ「英太は，より多くの日本人選手がメジャーリーグのチームに入ってほしいと思いました」…第3段落14～15行目の内容と一致。　エ「英太は，サッカーチームを通じてポールと親友になれたことが本当にうれしかったです」…本文にない内容だから不一致。　オ「英太はその美しい球場を訪れ，メジャーリーグの選手としてプレーしたいです」…選手としてプレーしたいとは言っていない。

【本文の要約】

私が中学生だったとき，私の家族はアメリカの古くからある美しい都市に1年間滞在しました。私の父は大学で科学を教えていました。私にはポールという親友がいました。私たちは同じ学校に通っていました。私はアメリカでの生活をとても楽しんでいました。

ある日，私は昼食時にポールと話をしていました。ポールは「明日球場に行かない？父がメジャーリーグの試合のチケットを持っているんだ」と聞いてきました。私は「ぜひ行きたい。ずっとメジャーリーグの試合を観戦したいと思っていたんだ」と言いました。ポールは「僕らのチームには偉大な日本人投手がいるよ。彼はメジャーリーグで5年間プレーしてきた。対戦チームには素晴らしい日本人打者がいるよ。明日はたぶん両方の選手を見られるよ」と言いました。

次の日，ポールの父は私とポールを球場に連れて行ってくれました。球場は満員でした。緑のフィールドはとても広くて美しく，私は言葉が出ませんでした。試合が始まると，私は先頭打者が日本人であることに驚きました。私は「おお，このフィールド内に日本人選手が2人もいる！」と言いました。ポールの父は「メジャーリーグのチームでプレーするのは簡単なことじゃないよ。メジャーリー

グのチームでプレーするのは，多くの野球選手の夢なんだ。この２人の日本人選手はアメリカで多くの人々に愛されているんだよ」と言いました。私はそれを聞いてとてもうれしかったです。私は「メジャーリーグには何チームありますか？」と質問しました。ポールの父は「さまざまな都市に30チームがあって，そのうちの29チームはアメリカに，１チームはカナダにあるよ。世界中から最高の選手だけが選ばれるからメジャーリーグのチームに入るのは大変なことだよ」と答えました。私はもっと多くの日本人選手がチームに入れるといいなと思いました。みんなが試合を楽しんでいる時，私は音楽を耳にしました。その音楽はメジャーリーグの試合でよく流れます。人々は一緒に歌い始めました。その歌はプレーヤーと観客をより興奮させました。私は，人々が試合を通して仲良くになったように思いました。

私は今，日本に住んでいます。晴れた日には，父と時々公園でキャッチボールをしています。私は今でもアメリカでの素晴らしい時間を思い出します。私は，あの古くからある美しい街を訪れて，もう１試合観戦し，音楽を楽しみたいと思っています。

6 ①**Have you ever been to Canada?**
②**Will you show me the book?**（下線部は**Can**，**Would**でもよい）
③**I like to see a lot of pictures in the museum**
④**beautiful nature makes me happy**

① 現在完了〈have/has ＋過去分詞〉“経験”「～したことがある」の疑問文にする。
② 「～してくれませんか？」＝ Will ／ Can ／ Would you ～？
④ ・make ＋人＋状態「(人) を (状態) にする」

7 (1) **People in A City want some roles for parks.／The most important role is a hub for the community.**
(2) **I think a place for sports is the most important role because playing sports is good for our health.**

放 送 文

1 (1) *Sam :* Hi, Kyoko. How did you come to school today?
Kyoko : Hi, Sam. I walked to school because it has been rainy since yesterday.
Sam : How do you usually come to school?
Kyoko : I usually come here by bike.
Sam : I see. I always come here by bus.
Question : How does Kyoko usually come to school?

(2) *Kyoko :* Did you get anything from your father on your birthday?
Sam : Yes, I got a bag from my father. I like it very much.
Kyoko : Oh, good. Today is my birthday. I have wanted a tennis racket for a long time.
Sam : Oh, your birthday is March 5! Happy birthday! Your birthday is two days after my birthday.
Question : What did Sam get as a present on his birthday?

(3) *Kyoko :* What were you doing when I called you yesterday?
Sam : I was looking for yesterday's newspaper.
Kyoko : Did you find it?
Sam : Yes, my mother found it under the table in my father's room. Yesterday, I put it on the chair in the living room, but after that, my father brought it to his room.
Kyoko : I'm glad you could find it.
Question : Who found the newspaper?

(4) *Kyoko :* Sam, I hear you play many sports very well.
Sam : I like playing sports very much. I have been playing basketball since I was five, and I have been playing soccer for three years.
Kyoko : What other sports do you play now?
Sam : I also play volleyball. So I am very busy.
Question : Which sports does Sam play now?

2 Hello. I'm a student from Turkey. Do you know Turkey? It takes about 13 hours by plane to get there from Japan. So Turkey is very far from Japan. My country is bigger than Japan, but the number of people in Turkey is smaller. There are many Japanese companies in Turkey, and many people are interested in Japan. Cultures in Japan and Turkey are very similar. I'll give you some examples. First, in my country, we take off our shoes at home, so our houses are clean. Second, Japanese traditional sweets are very good, and our sweets are very good, too. We often eat sweets and drink coffee at restaurants.

I think there are many good places to visit, and you will like them. Please visit Turkey. Thank you.

3 *Eita :* Nice to meet you, Jia. I'm Eita.
Jia : Hi, Eita. Nice to meet you, too.
Eita : You are from China, right? I hear you can speak Chinese and English.
Jia : Yes. I can also speak Japanese because I have been learning it for three years. So I decided to work in Japan.
Eita : I see. Could you tell me about your work?
Jia : Sure. I usually work for seven hours a day and five days a week. I help people from abroad when they have troubles.
Eita : How do you help foreign people?
Jia : I give them some information in different languages, like hazard maps.
Eita : Great. What else do you do?
Jia : Well, I help to plan festivals for people from abroad. I want them to make friends with Japanese people.
Eita : What festival is the most popular?
Jia : The food festival is. Everyone enjoys that festival together.
Eita : Sounds interesting. It will be a good chance for both people from abroad and Japanese people to meet each other.
Jia : That's right. My goal is to be a bridge between them.
Eita : That's wonderful, Jia. Thank you very much for today.

Questions
(1) Can Jia speak three languages?
(2) How many hours does Jia usually work for a week?
(3) How does Jia help people from abroad?
(4) What is Jia's goal?

Memo

《国　語》 その2

一　①ていさい　②のうたん　③つ　④なが
⑤余波　⑥夢中　⑦喜　⑧潔

二　問一. **ウ**　問二. **b**　問三. **鳴き声／身振り／（水中での）発生音**　問四. **意思疎通**　問五. **叫びや合図**
問六. (1)**名を付けること**　(2)**言葉によって生まれた精神**
問七. **広大な時間的、空間的範囲の出来事や事物を、自らの経験範囲の中に収めてしまう点。**　問八. **イ**

問二　活用の種類を見分ける時は「ない」を接続させて未然形にしてみよう。aは「とらない」、bは「考えない」、cは「異ならない」、dは「持たない」となる。a、c、dは活用語尾がア段なので五段活用。bはエ段なので下一段活用。

問四　「鳴き声や身振り」「叫びや合図」などによって仲間に何かを伝えることを、次の段落で「目前で起きている事柄《ことがら》、経験、あるいは意思の伝達」と表現している。「意思の伝達」を4字で表現したのが「意思疎通」。

問五　傍線部《ぼうせんぶ》③の前の「〜といった」に着目する。「〜といった」は、二つ以上の事柄を例として対等に並べる場合に用いる。よって、直前の「叫びや合図」が傍線部③の具体例といえる。

問六(1)　直前の段落に「世界の物や現象、出来事などに名を付けることによって〜目の前になくとも、あたかも身近にあるかのように扱うことができる」とあることから。

(2)　最後から3段落目に「見えないコート〜を指示したり〜過去や未来のことまで想起したりすることができるのも、すべて言葉によって生まれた精神のおかげ」とあることから。

問七　傍線部⑤の直前の「現実には眼にもしていなければ経験もしていないような遠い場所での出来事や事物、あるいはその瞬間には存在していない過去や未来の出来事や事物までも自らの経験範囲《はんい》の中に収めてしまう」という内容をまとめる。下線部に、指定された「空間」「時間」を使うことに気づきたい。

問八　筆者が「コート」のたとえによって説明しているのは、人間は言葉によって「現実には眼にもしていなければ経験もしていないような遠い場所での出来事や事物、あるいは〜過去や未来の出来事や事物までも自らの経験範囲の中に収めてしまう」ということ。イは、今目の前にいない「遠い場所」に住むいとこの「過去や未来」のことまで思い浮かべているので、適する。

三　問一. **イ**　問二. **あきらかに集中できていない状態。**
問三. **グラウンドの硬さによって、ゴロの跳ね方やスピードが変化すること。**　問四. **行動一つ一つに責任が生じる**
問五. **イ**　問六. **ウ**　問七. **野球経験者でない自分は、プレーヤーの気持ちがわからず、整備のプロになれないのではないかという悩み。**　問八. **マネージャーの経験を生かして、選手がどうしてほしいか想像すること。**　問九. **ウ**

問一　「呼応の副詞」とは、それを受ける文節に特別な言い方を要求する副詞。「たとえ〜ても」「まさか〜まい」など。イの「どうして」は、あとに疑問の助詞（「か」）がくるので、呼応の副詞である。

問二　6行後の島さんの言葉「集中できてへんのは、あきらかや」を参照。整備をしている雨宮《あめみや》が、ため息をついて他のことを考えている様子なので、ローラーの運転をやめさせた。

問三　直前の段落の「ローラーが何度そこを通ったかで、グラウンドの硬さは刻々とかわってしまう。結果、ゴロの跳《は》ね方も、スピードも大きくかわる」からまとめる。

問四　選手にとって一つの怪我《けが》がいかに大きな影響をもたらすかを伝え、整備の仕事に責任があることを考えさせようとした。そして「社会人として」「行動一つ一つに責任が生じる」ことを教えた。

問五　「眼光」とイの「略図」は、上の漢字が下の漢字を修飾している熟語。アは同じような意味の漢字の組み合わせ。ウは反対の意味の漢字の組み合わせ。エは上の漢字が主語で下の漢字が述語になっている。

問七　本文冒頭を参照。雨宮は元球児の長谷《はせ》に言われた、「プレーヤーの気持ちは、プレーヤーにしかわからへん」という言葉がひっかかり、満足にスポーツのできない自分は、選手の気持ちがわからず、「整備のプロになることなど到底かなわないのかもしれない」と悩んでいた。

問八　選手の気持ちは選手を経験した人にしかわからないのではないかと悩む雨宮に、島さんは「雨宮はマネージャーやったんやろ？　選手がどうしてほしいか、想像してみることくらいできるやろ？」と問いかけ、雨宮の経験も整備に活かすことができるのだと伝えた。

問九　二人の会話は短文が多く、島さんの言葉には「集中できてへんのは、あきらかや」「どないなる？」など、方言が使われ、会話のリアリティや臨場感を高めている。

四　問一. **ア**　問二. **気《き》をつけて**　問三. **（例文）高齢者にも外国人観光客にも避難経路はわかりやすかったが、外国人観光客にとっては情報がわかりにくかった。**　問四. **（例文）私がユニバーサルデザインが必要だと思うのは、飲食店のトイレを利用する場面だ。先日、車いすの祖父と外食することになり、バリアフリートイレのある飲食店を探したが、なかなか見つからなかったからだ。補助金を出してバリアフリートイレを増やし、どこの飲食店でも利用できるようにすべきだと思う。**

《社　会》 その2

1　(1)**アルプス**　(2)**南緯 30**　(3)**ウ**　(4)**イ**　(5)**ウ**

(6)①**エ**　②**少子高齢化が進む**　③**中国の製鉄所は，内陸部に立地しているが，日本の製鉄所は，原料を海外から船で輸入するため，臨海部に立地している。**　(7)①**ロンドン**　②**かつてニュージーランドは，イギリスの植民地支配を受けていたから。**　③**暖流である北大西洋海流と偏西風の影響を受けるから。**

(8)①**混合農業**　②**ユーロ導入国間では両替の必要がないため，国をこえた人の移動が活発になった。**　(9)割合の変化が最も大きい国と2番目に大きい国…**イギリス／ドイツ**

共通する割合の変化の特徴…**風力発電の割合が高くなっている。**

(2)　㋒が赤道だから，㋐は北緯60度，㋑は北緯30度，㋓は南緯30度になる。

(3)　Bはニュージーランドである。アボリジニはオーストラリアの先住民，イヌイットは北アメリカの先住民である。ヒスパニックはスペイン語を母語とする国からの移民を意味する。

(4)　アンデス山脈での農業については右図を参照。

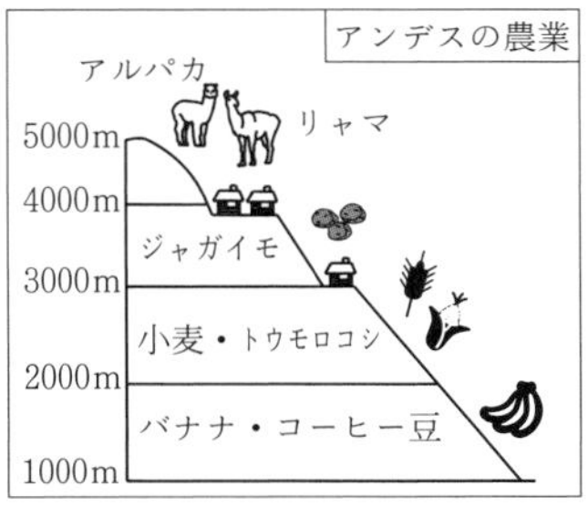

(5)　Dは小麦の栽培地域だからウを選ぶ。フランスが入っていることがポイント。アは綿花，イは大豆，エはとうもろこし。

(6)①　中国の国土は約960万㎢，日本の国土は約38万㎢だから，960 ÷ 38 ＝ 25.2…より，約25倍である。

②　資料1から，65歳以上の人口割合が増え続け，15歳未満の人口割合が減り続けていることを読み取る。

③　原料や燃料を現地で調達できる中国では，内陸部に製鉄所を立地できるが，石炭と鉄鉱石のほとんどを国外からの輸入に頼る日本の製鉄所は，利便性の面から臨海部に立地する。

(7)②　イギリス連邦を構成する国の国旗には，イギリスのユニオンジャックがデザインされているものがある。

③　南北の中緯度帯には強い偏西風が吹いているので，中緯度帯にある大陸の西側の気候は，海流の影響を受けやすくなる。

(8)②　ユーロの語句がないものは0点とする。両替の必要がないことが書けていれば1点，人の移動が活発になったことが書けていれば1点とする。

(9)　イギリスやドイツなどのヨーロッパ諸国では，脱炭素の動きが活発で，再生可能エネルギーへの転換が進んでいる。

2　(1)**南鳥**　(2)①**前橋**　②**ウ**　③記号…**エ**　理由…**夏の冷涼な気候を利用して，他県の出荷量が少ない夏場に多くのキャベツを生産し，出荷しているから。**　(3)**ア**　(4)**東京駅に近い地域ほど高くなる。**　(5)**イ**　(6)①**ア**　②**12，1，午前11**

(1)　最南端は沖ノ鳥島，最西端は与那国島，最北端は択捉島。

(2)②　愛知県と群馬県が上位にあればキャベツと判断する。はくさいは茨城県・長野県，小麦は北海道・福岡県，だいこんは千葉県・北海道でさかんに生産される。

(3)　Pは太陽光発電，Rは地熱発電である。

(5)　関東地方の人口が70万以上の政令指定都市は，千葉・さいたま・川崎・横浜・相模原の5市である。幕張新都心は千葉県。

(6)①　航空機輸送では，小型軽量で単価の高い商品が運ばれる。

②　時差の計算は，どちらかの時間にそろえて計算する。マドリードの空港に12月1日の午後5時に着く便は，スペインが12月1日午前3時のときに東京を出発する。経度差15度で1時間の時差が生じ，スペインと日本の経度差は135 － 15 ＝ 120（度），時差は120 ÷ 15 ＝ 8（時間）になる。スペインが12月1日の午前3時のときの日本の時間は，スペインより8時間進んだ12月1日午前11時になる。

3　(1)①**律は刑罰，令は行政上の決まりを意味する。**　②**イ**

③僧の名前…**最澄**　記号…**ア**　④**天平**　(2)①**ウ**

②**ア→エ→ウ**　③**身分が下の者が，身分が上の者を実力で倒して，権力をにぎるというもの。**　(3)①**元禄**　②**幕府や藩に税を納める代わりに，独占的に営業を行う特権を得**　③条約名…**日米修好通商条約**　大老の名前…**井伊直弼**　④X．**イギリス**

理由…**アメリカ国内で南北戦争が起きたから。**

(4)①ⅰ．**学制**　ⅱ．**地価を基準にして税をかけ，土地の所有者が現金で納める**　ⅲ．**政府の収入を安定させる目的。**

②**ウ→ア→イ**　③**エ**　④ⅰ．**ウ**　ⅱ．**ウ**

(1)②　平城京に都があったのは奈良時代だからイを選ぶ。アとウは飛鳥時代，エは平安時代。

③　比叡山は，京都府と滋賀県の境にある。イは六甲山，ウは生駒山，エは高野山あたりを指している。

(2)①　惣は農村の自治組織，堺は大阪の都市である。

②　第一回十字軍の派遣は11世紀末のことだから，イを除く。宗教改革が起きたことで，カトリック内部でも改革の動きが起こったことから，ア→エの順は確実に理解したい。有田焼は，豊臣秀吉による朝鮮出兵の際に，朝鮮半島から連れてこられた陶工たちが始めた焼き物である。

(3)①　上方の町人を中心とした江戸時代の文化を元禄文化という。

②　株仲間が室町時代の座と同様のものと理解していれば，同じページにある英太さんのまとめ1が参考になる。

④　南北戦争について書けていればよい。

(4)①ⅱ　地価の3%を，土地所有者が現金で納めることとした。

②　ウ（1895年）→ア（1900年）→イ（1902年）

③　日露戦争は日清戦争より負担が大きかったのに賠償金が得られなかったことを知った人々は，日比谷焼き打ち事件を起こした。

④ⅰ　アはイギリス，イは日本，エはアメリカ。

《数　学》 その2

1 (1)　$10+9\div(-3)=10-3=7$

答　**7**

(2)　$5(2x-y)-2(3x+2y)=10x-5y-6x-4y=4x-9y$

答　**$4x-9y$**

(3)　$(-5x^2y)\div 3xy\times 6xy^2=-\dfrac{5x^2y\times 6xy^2}{3xy}=-10x^2y^2$

答　**$-10x^2y^2$**

(4)　$\sqrt{48}(3-\sqrt{3})-\sqrt{27}=4\sqrt{3}(3-\sqrt{3})-3\sqrt{3}=$
$12\sqrt{3}-12-3\sqrt{3}=-12+9\sqrt{3}$

答　**$-12+9\sqrt{3}$**

2　$5x^2-10x+5=5(x^2-2x+1)=5(x-1)^2$

答　**$5(x-1)^2$**

3　$0.8x+4=0.5x-2$
両辺を10倍すると，$8x+40=5x-20$　　$8x-5x=-20-40$
$3x=-60$　　$x=-20$

答　**$x=-20$**

4　$(x-1)(x+9)-(x-2)^2=x^2+8x-9-(x^2-4x+4)=$
$x^2+8x-9-x^2+4x-4=12x-13$
この式に$x=\dfrac{3}{4}$を代入すると，
$12\times\dfrac{3}{4}-13=9-13=-4$

答　**-4**

5　図1のように，カの面を回転移動させ，4つの面が1列に並び，その上下に1面ずつがくっついている形にすると考えやすい。上下のア，オの2面を底面に，横に並んだ4つの面を側面にして山折りで組み立てると，図2のようになる。

図1
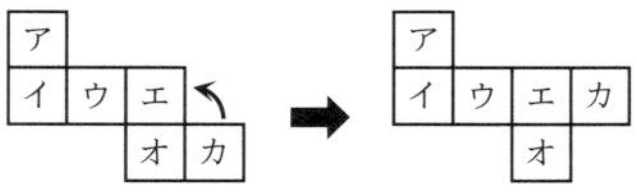

図2
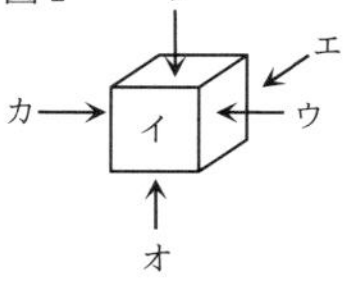

答　**アとオ，イとエ，ウとカ**

6 (1)　表のデータを小さい順に並べると，7，8，10，11，12，15，15，18で，最小値は7，中央値(第2四分位数)は4番目と5番目の平均の11.5，最大値は18である。データを半分に分けたとき，下位4つの中央値は$(8+10)\div 2=9$だから第1四分位数は9，上位4つの中央値は$(15+15)\div 2=15$だから第3四分位数は15である。

答
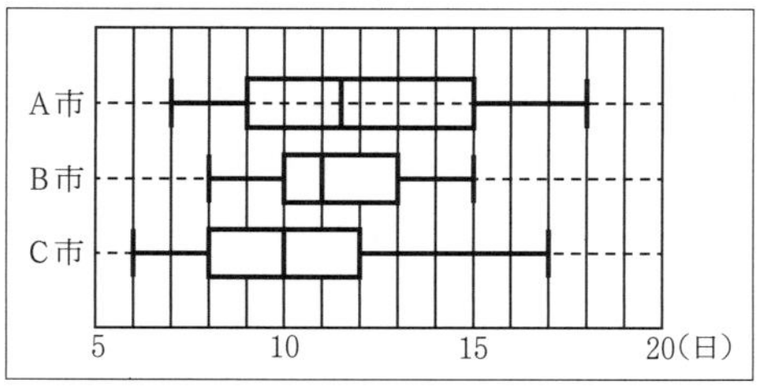

(2)　ア．範囲はともに11日で同じだが，四分位範囲は，A市が$15-9=6$(日)，C市が$12-8=4$(日)で，A市の方が大きい。
イ．箱ひげ図から平均値を読み取ることはできない。
ウ．8つのデータにおいて，中央値以上のデータは少なくとも$8\div 2=4$(つ)ある。3市とも中央値は10日以上だから，10日以上雨が降った年が4以上ある。
エ．B市では，雨が降った日が最も少ない8日の年はあるが，9日の年があったかどうかは読み取れない。

答　**ア，ウ**

7　2個の赤玉を赤1，赤2，2個の白玉を白1，白2と区別する。すべての玉の取り出し方は，下の樹形図の10通り，少なくとも1個は赤玉が取り出されるのは○印の7通りある。

よって，求める確率は，$\dfrac{7}{10}$

答　**$\dfrac{7}{10}$**

8　条件①より，点Pは$_{ア}$線分ＡＢの垂直二等分線上にある。
条件②より，点Cを通る直線ＣＤの垂線を引き，その垂線上の点Cより右側に点Eをとるとき，点Pは$_{イ}$∠ＤＣＥの二等分線上にある。
アとイの交点がPである。

答
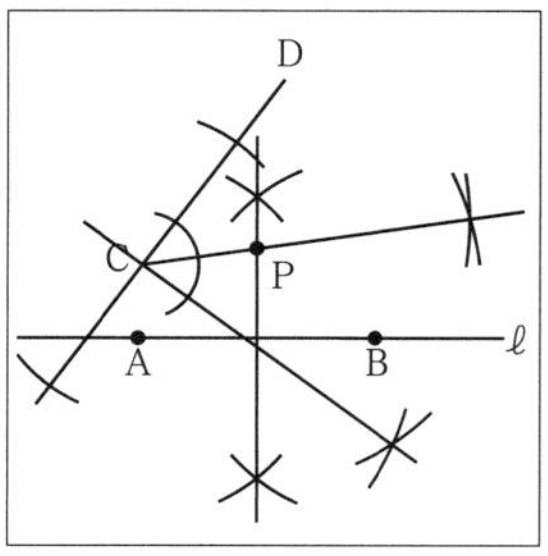

・「P」の書き落としは1点の減点とする
・正しい作図方法であれば，ほかの方法でもよい

9　教英中学校の得点について，$3\times 8+2x+y=69$……①
相手チームの得点について，$3\times(8+1)+2\times\dfrac{5}{6}x+\dfrac{2}{3}y=63$……②

連立方程式
$$\begin{cases}3\times 8+2x+y=69\\ 3\times(8+1)+2\times\dfrac{5}{6}x+\dfrac{2}{3}y=63\end{cases}$$

・変形して正答例と同じになる式が書かれていれば，1つにつき1点とする

①を整理すると，$2x+y=45$……③
②を整理すると，$5x+2y=108$……④

④－③×2より，
$$\begin{array}{rl}5x+2y&=108\\ -)\ 4x+2y&=90\\ \hline x&=18\end{array}$$

③に$x=18$を代入すると，
$2\times 18+y=45$
$y=45-36=9$
これは，条件にあう。

答

2点	18回
1点	9回

・「答」は完答で2点とする

10(1)　120秒で100m進んだから，求める速さは，

$\frac{100}{120}=\frac{5}{6}$(m／秒)

答　**秒速 $\frac{5}{6}$ m**

(2)　英子さんのグラフをかき加えると，右のようになる。

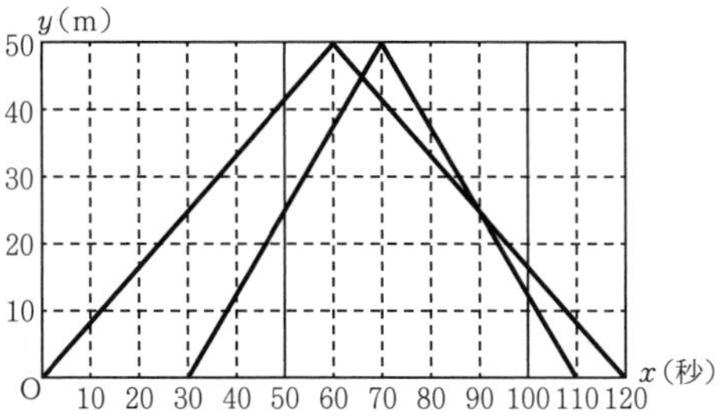

英子さんは80秒で100m進んだから，速さは$\frac{100}{80}=\frac{5}{4}$(m／秒)である。教子さんが折り返しのターンをしたのがスタートしてから60秒後で，このとき英子さんはスタート地点から$\frac{5}{4}\times(60-30)=\frac{75}{2}$(m)進んでいる。このとき教子さんと英子さんは$50-\frac{75}{2}=\frac{25}{2}$(m)離れていて，このあと2人の進んだ距離の合計が$\frac{25}{2}$mになるときにすれ違う。教子さんが折り返してからt秒後にすれ違うとすると，

$\frac{5}{6}t+\frac{5}{4}t=\frac{25}{2}$より，$t=6$

よって，求める時間は，60＋6＝66(秒後)

答　**66 秒後**

11(1)　点Aは双曲線①上の点だから，$y=-\frac{9}{x}$に$x=-1$を代入すると，$y=-\frac{9}{-1}=9$となるので，A(−1，9)である。直線②は点Aを通るので，$y=-3x+a$に$x=-1$，$y=9$を代入すると，

$9=-3\times(-1)+a$より，$a=6$

答　**$a=6$**

(2)　四角形ＢＥＣＯはＣＯ//ＥＢの台形だから，各頂点の座標がわかれば面積を求められる。点B，点C，点Eの座標→四角形ＢＥＣＯの面積→△ＢＯＤの面積→点Dの座標，の順に求めていく。点Bは双曲線①上にあるので，$y=-\frac{9}{x}$に$x=3$を代入すると，$y=-\frac{9}{3}=-3$となるから，B(3，−3)である。点Cは直線②の切片だから，C(0，6)より，ＣＯ＝6となる。点Eは点Bとx座標が等しくx軸上にあるから，E(3，0)より，

ＥＯ＝3，ＢＥ＝0−(−3)＝3である。

したがって，四角形ＢＥＣＯの面積は，

$\frac{1}{2}\times$(ＢＥ＋ＣＯ)$\times$ＥＯ$=\frac{1}{2}\times(3+6)\times3=\frac{27}{2}$

△ＢＯＤ＝(四角形ＢＥＣＯの面積)$\times\frac{2}{3}=\frac{27}{2}\times\frac{2}{3}=9$

△ＢＯＤの底辺をＤＯとすると，高さはＢＥだから，

$\frac{1}{2}\times$ＤＯ$\times$ＢＥ＝9　　$\frac{1}{2}\times$ＤＯ$\times3=9$　　ＤＯ＝6

よって，D(6，0)

答　**D(6，0)**

12　この立体の底面は，1辺4㎝の正方形である。立面図の二等辺三角形は右図の色をつけた三角形なので，側面はすべて底辺4㎝，高さ8㎝の二等辺三角形である。

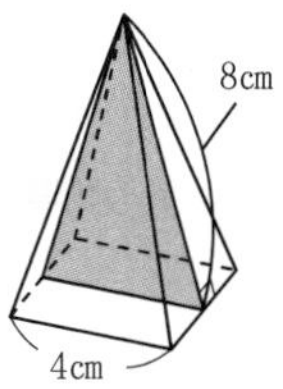

よって，求める表面積は，

$4^2+\left(\frac{1}{2}\times4\times8\right)\times4=80$(㎠)

答　**80 ㎠**

13　ひし形の向かいあう角は等しいから，∠ＡＢＣ＝∠ＡＤＣ＝50°

△ＢＣＥについて，ＢＣ＝ＢＥだから，∠ＢＥＣ＝∠ＢＣＥ＝75°

三角形の内角の和より，∠ＣＢＥ＝180°−75°×2＝30°

ひし形の辺の長さは等しいからＢＡ＝ＢＣより，△ＡＢＥはＢＡ＝ＢＥの二等辺三角形である。また，∠ＡＢＥ＝50°−30°＝20°だから，∠ＢＡＥ＝$\frac{180°-20°}{2}$＝80°となる。平行線の錯角は等しいから，ＡＢ//ＤＣより，∠x＝∠ＢＡＦ＝80°

答　**80 度**

14　△ＡＢＥ≡△ＢＣＦを証明し，対応する角が等しいことと，△ＢＥＧの外角の性質を利用する。証明のために必要な条件を図にかきこむと，右のようになる。

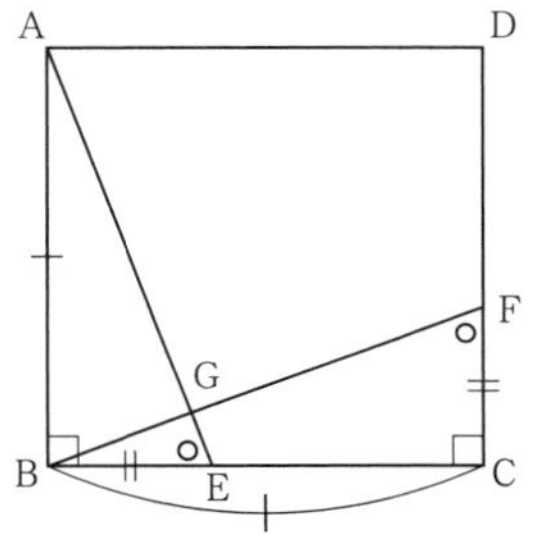

〈証明〉

△ＡＢＥと△ＢＣＦにおいて，

仮定より，ＢＥ＝ＣＦ ……①

四角形ＡＢＣＤは正方形だから，ＡＢ＝ＢＣ ……②

∠ＡＢＥ＝∠ＢＣＦ＝90° ……③

①，②，③より，2組の辺とその間の角がそれぞれ等しいから，

△ＡＢＥ≡△ＢＣＦ

合同な図形の対応する角は等しいから，

∠ＡＥＢ＝∠ＢＦＣ ……④

△ＢＣＦの内角の和より，

∠ＣＢＦ＋∠ＢＦＣ＝180°−∠ＢＣＦ＝180°−90°＝90° ……⑤

△ＢＥＧについて，三角形の外角の性質より，

∠ＡＧＢ＝∠ＣＢＦ＋∠ＡＥＢ ……⑥

④，⑤，⑥より，∠ＡＧＢ＝90°

・証明の根拠となる□の内容が1つでもなければ0点とする

・∠や△の付け落としは，複数でも1点のみの減点とする

・理由の説明が不十分な場合は，それぞれ1点の減点とする

・ほかの証明でも，根拠が正しく，筋道が通っていればよい

《理　科》 その2

1　(1)①イ　②**コマを右に動かして，弦の長さを短くする。**
(2)①**a，b**　②**イ**　(3)①**2.7**　②**エ**
(4)①**閉塞前線**　②**強い雨が短時間降る。**

(1)　②音を高くするには，弦の振動する部分を短くする，細くする，強く張るといった方法がある。ここではコマを動かすので，コマを右に動かして，弦の振動する部分を短くする。

(2)　①aとbは葉，cは茎，dは根である。　②アとウはコケ植物だけにあてはまる特徴で，エはシダ植物にもコケ植物にもあてはまらない特徴である(いずれも胞子でふえる)。

(3)　①Xの体積は55.0－50.0＝5.0(cm^3)である。
$\left[\text{密度}(g/cm^3)=\frac{\text{質量}(g)}{\text{体積}(cm^3)}\right]$より，$\frac{13.5}{5.0}=2.7(g/cm^3)$となる。
②X～Zは質量が等しいので，体積が大きいほど密度が小さい。表より，X～Zを体積が大きい順に並べるとX，Y，Zとなるので，密度は大きい方からZ，Y，Xの順となる。

(4)　①xは温暖前線，yは寒冷前線である。寒冷前線が温暖前線に追いつくと閉塞前線ができる。　②温暖前線が通過するとき，乱層雲によって，広い範囲に長時間弱い雨が降る。一方，寒冷前線が通過するとき，積乱雲によって，狭い範囲に短時間強い雨が降る。

2　(1)①**感覚神経**　②**運動神経**　(2)理由…**測定誤差が生じるから。**　平均値…**19.5**　(3)**イ**　(4)**刺激の信号が脳に伝わる前に，せきずいから命令の信号が出されて反応が起こるから。**
(5)**c**　(6)**肺胞**　(7)**酸素が多いところでは酸素と結びつき，酸素が少ないところでは酸素をはなす性質。**　(8)**肝臓**

(2)　(19.0＋20.8＋18.5＋20.0＋19.2)÷5＝19.5(cm)

(3)　(2)で求めた平均値と図4より，落下する時間の平均値はおよそ0.20秒だとわかる。

(5)　栄養分は小腸で吸収され，小腸と肝臓を結ぶ血管を通って肝臓へ送られるので，栄養分が最も多く含まれる血液が流れるのはcである。

(8)　肝臓のはたらきには，アンモニアを尿素に変える他に，栄養分をたくわえる，消化液(胆汁)を作るなどがある。

3　(1)**(熱)分解**　(2)**1本目の試験管の気体には，試験管やガラス管に入っていた空気が多く含まれるから。**
(3)**$2H_2O \rightarrow 2H_2+O_2$**　(4)名称…**炭酸ナトリウム**　性質…**水に溶かしたときに，炭酸水素ナトリウムよりも強いアルカリ性を示す。**
(5)**銅の粉末を空気にふれやすくするため。**
(6)**D**　(7)右グラフ
(8)**2.25**

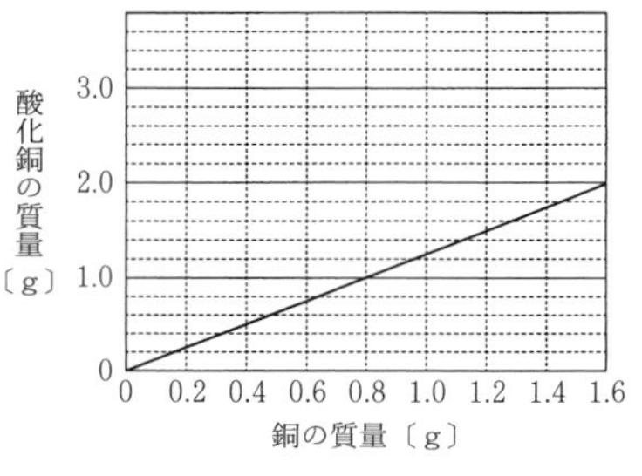

(1)　炭酸水素ナトリウムを加熱すると炭酸ナトリウム，二酸化炭素，水に分解する〔$2NaHCO_3 \rightarrow Na_2CO_3+CO_2+H_2O$〕。

(4)　表1のフェノールフタレイン溶液の反応より，炭酸ナトリウムの水溶液は炭酸水素ナトリウムの水溶液よりもアルカリ性が強いことがわかる。

(6)　銅と反応する酸素の質量比は一定になる。表2より，D以外は銅：酸素＝4：1になっている。

(8)　$1.80\times\frac{4+1}{4}=2.25(g)$

4　(1)**発生する熱が大きくなるから。**　(2)**オームの法則**　(3)**6**
(4)**エ**　(5)**エ**　(6)**ア**　(7)**コイルに流れる電流を大きくすると／U字形磁石を磁界が強いものに変えると**　などから1つ
(8)**コイルに流れる電流の向きを反対にする**

(3)　$\left[\text{抵抗}(\Omega)=\frac{\text{電圧}(V)}{\text{電流}(A)}\right]$，500mA→0.5Aより，$\frac{3}{0.5}=6(\Omega)$となる。

(4)　Xは6Ω，Yは12Ωだから，$\boxed{A}$は6＋6＝12(Ω)，$\boxed{B}$は6＋12＝18(Ω)である。また，$\boxed{D}$ではY2つを並列つなぎにしているので，回路全体の抵抗はそれぞれの抵抗の半分の6Ωであり，XとYを並列つなぎにした$\boxed{C}$の回路全体の抵抗は$\boxed{D}$よりも小さいので，流れる電流が大きくなる。したがって，コイルの動きが大きい方から順に並べると，$\boxed{C}\rightarrow\boxed{D}\rightarrow\boxed{A}\rightarrow\boxed{B}$となる。

(5)　電流が流れる導線のまわりにできる磁界の向きは，図iのように右手を使って求めることができる。

図i
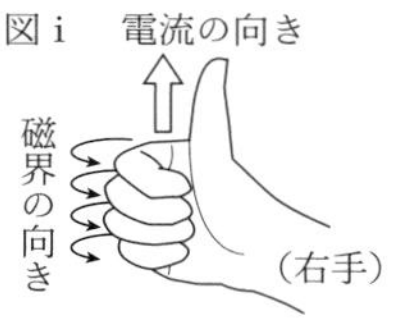

(6)　図4のcdの部分を流れる電流の向きに着目する。電流と磁界の向きはそれぞれ図1と反対だから，cdの部分を流れる電流が磁界から受ける力の向きは図1と同じになる。また，磁界の向きはN→Sである。

5　(1)右図　(2)**湿球の球部のガーゼから水が蒸発するときに，周りの熱を奪うから。**
(3)**45**　(4)**9.27**
(5)**周囲の気圧が低くなり，空気が膨張するから。**　(6)**露点**　(7)**ウ**

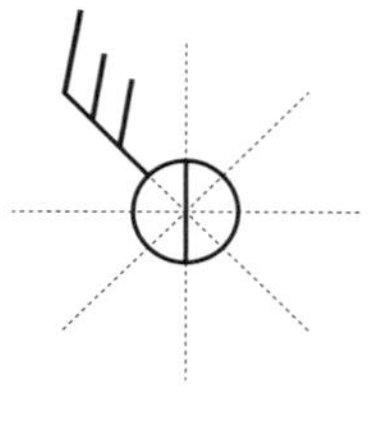

(1)　空全体に占める雲の割合を雲量といい，空全体の広さを10としたとき，雲量が0～1のときが快晴(○)，2～8のときが晴れ(⦶)，9～10のときがくもり(◎)である。

(3)　気温(乾球温度計の示度)は23℃，乾球温度計と湿球温度計の示度の差は7.0℃だから，表1より湿度は45％だとわかる。

(4)　23℃の飽和水蒸気量は20.6g/m^{3}だから，(3)で求めた湿度より，20.6×0.45＝9.27(g)となる。

(7)　北半球では，風は低気圧の中心に向かって反時計回りに吹き込む。

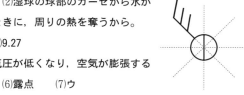

《英　語》 その２

1　(1)イ　(2)ア　(3)ア　(4)ウ

2　①子どもたちを喜ばせる　②玄関〔別解〕正面のドア　③笑顔で　④クリスマスプレゼント　⑤思い出

3　(1)イ　(2)ウ　(3)No, he hasn't　(4)can ask him questions about American school

4　(1)①カ　②キ　③ウ　④エ　(2)生徒は集中力を失いやすい。／生徒はゲームをして，先生の授業を聞かない。　(3)イ，ウ

(1)①　直後の英太の発言より，アマンダは何についてのレポートか尋ねたと考えられる。
②　後でアマンダがスマートフォンに対する自分の意見をたくさん言っていることから，キ「おもしろそうだね」が適切。
③　直後にアマンダが例を挙げているから，ウ「いいよ！」が適切。
④　直後の「どういたしまして」より，エ「手伝ってくれてありがとう」が入る。
(2)　アマンダの７回目の発言，First .... Second .... の部分をそれぞれ日本語で答える。
(3)　ア「アマンダはレポートに取り組んでいます」…レポートに取り組んでいるのは英太である。　イ「アマンダは，スマートフォンを使えば，情報共有が簡単だと考えています」…アマンダの５回目の発言と一致。　ウ「アマンダはスマートフォンが学習に役立つと考えています」…アマンダの６回目の発言と一致。　エ「英太は最初にスマートフォンの悪い点を知りたかったです」…最初にスマートフォンの良い点を知りたかった。　オ「英太はスマートフォンの正しい使い方を知るべきではないと思っています」…英太は学ぶべきだと思っている。

【本文の要約】

英太：こんにちは，アマンダ。レポートに取り組んでいるんだけど，君にいくつか質問してもいい？
アマンダ：もちろん！ ①カ 何についてのレポート？
英太：スマートフォンについてだよ。
アマンダ：②キ おもしろそうだね。 多くの人が日常生活でスマートフォンを使用しているよね。
英太：そうだね，今はスマートフォンがすごく普及しているね。生徒が教室でスマートフォンを使用できる高校もあるよ。この話題は興味深いよ。君はどう思う？
アマンダ：そうね，いい点も悪い点もあると思うよ。
英太：僕もそう思うよ。いい点を先に知りたいな。
アマンダ：最近はほとんどの高校生がスマートフォンを持っていて，インターネットに簡単にアクセスできる。教室でスマートフォンを使用できれば，高校生の学校生活は以前よりも便利になるよ。
英太：よくわからないよ。例を挙げてくれない？
アマンダ：③ウ いいよ！ 例えば，生徒はインターネットを見て回ったり，教室での活動をより効率よく行ったりすることができるよ。クラスメートや先生と情報を共有するのも簡単だよ。スマートフォンからインターネットを利用するのが最速だよ。
英太：なるほど。生徒はスマートフォンで他に何ができる？
アマンダ：そうね，生徒たちはさまざまな話題に関する動画を見つけて見ることができるよ。計算機または教室でメモを取るためにも使えるね。スマートフォンは学習に役立つよ。
英太：じゃあ，悪い点についてはどう思う？
アマンダ：まず，スマートフォンを使うと，生徒は集中力を失いやすいと思うよ。次に，彼らはゲームをして，授業を聞かないよ。
英太：君の意見を理解したよ。スマートフォンの正しい使い方を学ぶべきだね。 ④エ 協力してくれてありがとう。
アマンダ：どういたしまして。

5　(1)㋐heard　㋑working　(2)I have been playing the cello since　(3)イ　(4)腕にけがを負って，チェロの演奏を続けることが困難になったから。／チェロが好きで，チェロに関わることをしたかったから。　(5)祖父がたくさんのチェロを作り，まだ夢を持ち続けているから。　(6)①He gave her it when she was eleven.　②She really feels happy.　(7)イ，オ

(1)㋐　現在完了〈have/has＋過去分詞〉“経験”の疑問文だから過去分詞の heard にする。
㋑　直前に be 動詞の were があるので，過去進行形〈was/were＋～ ing〉の形にする。
(2)　現在完了進行形〈have/has＋been＋～ ing＋since＋○○〉「○○以来ずっと～している」の形にする。
(3)　教子が祖父からの質問「チェロ奏者になったら何をしたいの？」に答えられず，イ「ただ有名なチェロ奏者になりたいよ」と適当に答えた状況を読み取る。
(4)　下線部①の後の２～３行に「腕にけがを負って，チェロの演奏を続けることが困難になった」こと，６～７行に「チェロが好きで，チェロに関わることをしたかった」ことが書かれている。
(5)　下線部②直後の because 以下を日本語にする。
(6)①　「いつ祖父は教子にチェロをあげましたか？」…第３段落３行目より，教子が 11 歳の時に祖父からチェロをもらったことがわかる。
②　「チェロの音色を聞くと，教子はどのように感じますか？」…第４段落 17 行目に，幸せな気分になれるとある。
(7)　ア「教子は今はチェロを練習していません」…今も練習している。　イ「祖父は教子のためにチェロを作り，教子も祖父もそれを気に入っています」…第３段落３～４行目，第４段落４～５行目と一致。　ウ「教子は雨の日に祖父を尋ねたので，森で作業をしませんでした」…祖父と教子は森で作業をした。　エ「祖父はチェロ職人なので，今でも上手にチェロを演奏することができます」…祖父はチェロを演奏できない。　オ「教子は木の声を人々に届けたいです」…第５段落２～３行目などと一致。

【本文の要約】

チェロの音色を聞いたことがありますか？私は柔らかくてあたたかいその音色が好きです。私は 11 歳からチェロを演奏していて，今では毎日練習しています。私の祖父はチェロ職人なので，チェロはいつも私の身近にあります。祖父は森の小さな家に住んでいます。

ある晴れた日の朝，私は祖父を訪ねました。彼は新しいチェロを作るために家の近くで高樹齢のカエデの木を切っていたので，私は切るのを手伝いました。作業中，私は「おじいちゃん，この木は何歳？」と尋ねました。祖父は「百歳以上だよ，教子」と答えました。「うわー，おじいちゃんや私が生まれる前からここにあったんだね！」と私は言いました。祖父は私に，古い木ほどチェロの音色をより深く柔らかくすることを教えてくれました。そして彼は「今日は頑張って働いたね。コーヒーをいれるから家に帰ろう！」と言いました。

祖父の家で一緒にコーヒーを飲みながら，祖父は私にチェロについていろいろ教えてくれました。祖父は「あのチェロをまだ使っているの？」と尋ねました。そのチェロは，私が 11 歳の時に祖父がくれたものです。「もちろん。おじいちゃんのチェロを気に入っているよ。将来はチェロ奏者になりたいの」祖父は「それを聞いてうれしいよ。チェロ奏者になったら何をしたいの？」と言いました。祖父の質問を考えたこともなかったので，私は答えることができませんでした。私はただ，「うーん，ただ有名なチェロ奏者になりたいよ」と言いました。彼はしばらく考えて，「教子，ついておいで」と言いました。

祖父は私を隣の部屋に連れて行きました。壁にはたくさんのチェロが飾ってあり，部屋中に木の香りが漂っていました。私は「チェロをいくつ作ったの？」と尋ねました。祖父は「何百も作ってきたよ。お前のチェロはお前が生まれた時に作ったもので，私のお気に入りなんだ」と言いました。「なぜチェロ職人になろうと思ったの？」と私は尋ねました。すると祖父は「実は，私もかつてはお前のようにチェロ奏者になりたかったんだ，教子。でも，お前の年齢のときに，腕にけがを負って，チェロの演奏を続けることが困難に

なったんだ」と答えました。私は祖父がそのことを話したことがなかったので，驚きました。祖父は 15 歳で夢を失いました。私は祖父の気持ちが想像できました。「それで，チェロ職人になることにしたんだね？」と私は言いました。祖父は「そうだよ。チェロが好きだったから，チェロに関することをしたかったんだ。それでも，人生の早い段階で本当に好きなものを見つけられて幸いだったよ」と言いました。祖父は続けました。「教子，全てのチェロを見てごらん。どのチェロも高樹齢のカエデの木で作られているんだ。これらの木はずいぶん前に切り倒されたけど，チェロとして永遠に生き続けることができるんだ」と言いました。私は「そんな風に考えたことはなかったよ。でも，チェロの音色を聞くと，本当に幸せな気持ちになるよ」と言いました。彼は笑顔で「チェロの音色は森の声のようなものだよ。私はカエデの木の最も美しい声を表現するためにチェロを作りたいんだ，教子」と言いました。そう言っているときの祖父の顔はおだやかでした。私は再度，祖父のチェロを見回しました。私は祖父がたくさんのチェロを作り，まだ夢を持ち続けていることにとても感動しました。

私は今，別の目的でチェロを演奏しています。以前はただ有名なチェロ奏者になるために演奏していたのですが，今は木の声を人々に届けるためにチェロを演奏しようとしています。いつか祖父のチェロでそれを表現したいです。

6　**①I have wanted it for a long time.**
② <u>May</u> I see your pictures?（下線部は **<u>Can</u>** でもよい）
③I want to see them when I am tired
④I feel excited when I see them

①　現在完了〈have/has ＋過去分詞〉“継続”「ずっと～している」の文にする。
②「～してもいいですか？」＝ May I ～？／ Can I ～？

7　**(1) PET bottles are thrown away the most. ／ Cans are thrown away more than plastic.**
(2) We should clean the shopping district once a week.

放 送 文

1 (1) *Eita :* How was this event, Janet?
Janet : Good, Eita! First, I was very surprised to see a lot of people along the river.
Eita : Yes. This event is in the middle of summer every year. Did you like seeing it?
Janet : Yes! I have never seen such beautiful works. But the sound was too big for me.
Eita : I didn't feel so. I was very excited to hear the sound.
Question : What are they talking about?

(2) *Eita :* My parents will buy me this on my birthday.
Janet : How nice! It will be very useful.
Eita : Thank you. I have wanted this for a long time.
Janet : How will you use this?
Eita : I will take a lot of good pictures and enjoy listening to music outside with it. It is something like a computer.
Janet : Right. But you should not use it too much.
Question : What will Eita get on his birthday?

(3) *Eita :* Did you go to your piano lesson on Friday August 13?
Janet : No, I didn't. I couldn't go to the lesson because I got sick.
Eita : That's too bad. When will you take the lesson?
Janet : I will take it next Tuesday.
Eita : Oh, I have my guitar lesson on the same day.
Janet : Let's go home early on that day.
Question : When is Janet going to have her piano lesson?

(4) *Eita :* What are you going to do next Sunday?
Janet : I'm going to paint a picture. Painting pictures always makes me happy.
Eita : Wow! You have a good hobby. How long have you been painting pictures?
Janet : I have been painting pictures since I was five.
Eita : Really? You started painting when you were very young. Where are you going to paint them next Sunday?
Janet : I will paint them in the park.
Question : What is Janet going to do next Sunday?

2　Some exciting events on Christmas Eve make children happy. I will introduce one of them. It is called the Santa Claus volunteer activities.

When I was seven years old, my family had a party on Christmas Eve. Around eight o'clock, while we were eating dinner, someone came to the front door. My father told me that Santa Claus was there! I ran to the front door, and Santa Claus was really there. He said Merry Christmas with a smile and then gave me a Christmas present. After he left, I asked my mother about the Santa Claus. My mother smiled and said that someone from the Santa Claus volunteer program came to us. He stayed only a few minutes at the front door, but this became the best of my Christmas memories.

3 *Kyoko :* What are you reading about?
John : I'm reading about the different cultures between Japanese school and American school. What do you think about them?
Kyoko : In my school, students clean our classroom together for 15 minutes every day. But I've heard students in America don't clean their classroom.
John : That's right. In America, cleaning workers usually clean our school. I think cleaning the classroom is good.
Kyoko : I see. Why do you think cleaning the classroom is good?
John : Our English teacher, Ms. Sato, told me that we could thank our school by cleaning. I think it's a really important thing. I've never forgot her words.
Kyoko : Wow, it's a good story. By the way, my sister Aki is going to stay in America for three weeks.
John : Will she visit America to study?
Kyoko : Yes. I think she also wants to know about the different cultures between Japanese school and American school.
John : I think so, too. Well, Kyoko, may I meet your sister? She can ask me questions about American school.
Kyoko : That's a great idea! I will ask her free time.
John : Sounds great.

Questions
(1) Is John reading about the different cultures between Japanese family and American family?
(2) How long does Kyoko clean her classroom every day?
(3) Has John forgot Ms. Sato's words?
(4) What can Aki do when she meets John?

【資料4】 ユニバーサルデザインの考え方

> ユニバーサルデザインとは、あらかじめ、障害の有無、年齢、性別、人種等にかかわらず多様な人々が利用しやすいよう都市や生活環境をデザインする考え方。
>
> （内閣府「障害者基本計画」より作成）

問一　この報告会における司会の役割として最も適切なものを次の**ア**～**エ**から選び、記号を書きなさい。

ア　自分の感想を交えつつ、発表の要点をまとめる役割。
イ　それた話題を元に戻し、議論の流れを修正する役割。
ウ　それぞれの意見に同調しつつ、矛盾点を指摘する役割。
エ　自分の感想を述べることは控え、進行に徹する役割。

問二　英太さんが次の文を「やさしい日本語」で書き換えたところ、傍線部を先生に指摘された。**【資料1】**を踏まえて、傍線部を書き直しなさい。

> 「暴風警報　飛来物に警戒を。」

【書き換えた文】

> 「とても強《つよ》い風《かぜ》がふきます。飛《と》んでくる物《もの》に警戒《けいかい》してください。」

問三　教子さんたちは、ハザードマップを作成した後、地域の高齢者と、ホテルに滞在している外国人観光客に協力してもらい、それぞれからアンケートをとった。**【資料2】**は高齢者へのアンケート結果の一部、**【資料3】**は外国人観光客へのアンケート結果の一部である。二つの資料を関連させて読み取れることを書きなさい。

問四　「ハザードマップ」以外で、ユニバーサルデザインが必要だと思う場面について、その理由と具体的な事例や手立てをふくめて、次の条件に従って書きなさい。

〈条件〉
①　一マス目から書き始め、段落を設けないこと。
②　**【資料4】**を踏まえてあなたの考えを書くこと。
③　一〇〇字以上一四〇字以内で書くこと。

四　教子さんのクラスでは、総合的な学習の時間に「台風時のハザードマップ」を作成することになりました。次の【報告会の様子】と【資料】を読んで、あとの問いに答えなさい。

【報告会の様子】

司会　それでは各グループの発表を始めます。Aグループ代表の教子さん、お願いします。

教子　私たちのグループは、イラストや図などを多く載せたマップがいいと思いました。なぜなら、小さい子どもや高齢者にとって、細かい字の説明や地図だけではわかりにくいからです。オリンピックなどで使用されているピクトグラムは、ぱっと見ただけでわかるところがいいと思うので、ぜひ取り入れていきたいです。色もたくさん使って、カラフルで目につきやすくするといいと思います。

司会　ありがとうございました。ピクトグラムといえば、案内標識などをイラストで表したものですね。それなら年齢や国籍も関係なく、情報や注意が伝わりやすそうです。次に、Bグループの発表です。代表の英太さん、お願いします。

英太　私たちは、日本語を十分に理解できない外国籍の方が、災害発生時に適切な行動をとれるように考え出された「やさしい日本語」を使ったハザードマップを提案します。以前、外国人観光客が台風時に情報を得られなくて困ったというニュースを聞いたことがあるからです。「やさしい日本語」は子どもや高齢者、障がい者の方などにとっても、分かりやすいコミュニケーション手段の一つなので、これをもとに作成していくといいと思います。

司会　なるほど。たしかに、外国籍の方にとって日本語は漢字もひらがなも混じっているぶん、難しいですよね。「やさしい日本語」というのは初めて耳にしましたが、こちらを使うともっと多くの人に情報が伝わりやすくなりそうですね。それでは全体の話し合いに移ります。

【資料1】「やさしい日本語」の作り方

① 一つの文を短くし、簡単な構造にする。
② 外来語、略語は使わない。
③ 難しい言葉は、簡単な言葉に言い換える。
④ あいまいな表現は使わない。
⑤ 文末は統一する。
⑥ 漢字にはふりがなをつける。

【資料2】 高齢者へのアンケート
「ハザードマップの良かった点」（複数回答）

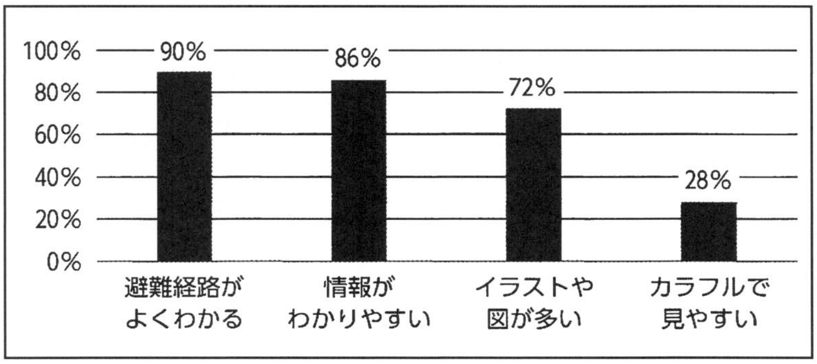

【資料3】 外国人観光客へのアンケート
「ハザードマップの良かった点」（複数回答）

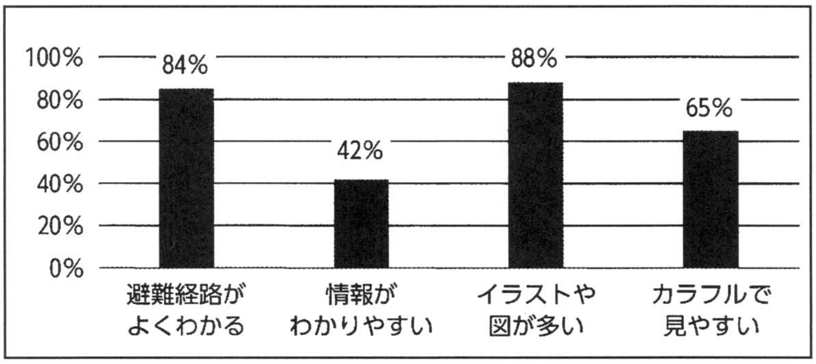

めにも、会社のためにもいいかもしれないと思った。つばをのみこんでから、質問をぶつけた。
「選手の気持ちは、選手を経験した人にしかわからないんでしょうか？」
⑧よく日に焼けた顔を、島さんは今日初めてほころばせた。
「そんなもん、俺かて、わからんわ」
「へっ……？」
「俺、少年野球どまりやし。長谷レベルの選手の気持ちなんて、わかるわけないやん」
決して投げやりではなく、しかし、冗談《じょうだん》でもなく、島さんは*7訥々《とつとつ》と言葉をつづけた。
「でもな、大事なのは想像してみることや。雨宮はマネージャーやったんやろ？　選手がどうしてほしいか、想像してみることくらいできるやろ？」
そう問いかけられて、自然とうなずいていた。できる。それなら、できる。頭がちぎれるくらい考えてやる。うなずくだけでは足りない気がして、「はい！」と、胸を張って返事した。

（朝倉宏景『あめつちのうた』講談社より）

*1島さん…雨宮の上司で、グラウンドキーパーのトップである球場施設部長。
*2ローラー…グラウンドを整地するために使用する、ローラーがついた車両のこと。
*3ゴロ…地面を転がる打球。　*4ノック…守備の練習のためにボールを打つこと。
*5イレギュラー…ボールが不規則な跳ね方をすること。
*6スパイク…靴底に金具をつけたシューズ。　*7訥々…とぎれとぎれに話すさま。

問一　「①まるでヒッチハイクのように」には、呼応の副詞が用いられている。同じく呼応の副詞が用いられているものを次の**ア**～**エ**から一つ選び、記号を書きなさい。
ア　ずいぶんゆっくりとしたスタートだね。
イ　どうして学校へ行くのですか。
ウ　だんだん桜が咲き始めたようです。
エ　彼はいきなり走り始めたのだ。

問二　「②『とめろ！』島さんが、怒鳴り声をあげていた」とあるが、島さんが雨宮を制止したのは、雨宮がどんな精神状態だと思ったからか、文章中の言葉を使って書きなさい。

問三　「③その変化」とは、何によって、何が変化することか。文章中の言葉を使って書きなさい。

問四　「④考えてもらうためや」とあるが、島さんが、雨宮に社会人として持っていてほしいのは、どのような考え方か。「社会人は～ということ。」という形で島さんの言葉から抜き出して書きなさい。

問五　「⑤眼光」と同じ構成の熟語を次の**ア**～**エ**から一つ選び、記号を書きなさい。
ア　身体　**イ**　略図　**ウ**　主従　**エ**　国立

問六　「⑥生半可な」の意味としてふさわしいものを次の**ア**～**エ**から一つ選び、記号を書きなさい。
ア　幼稚で現実味のない　**イ**　他人任せで無責任な
ウ　中途半端で不十分な　**エ**　強情で独りよがりの

問七　「⑦やめるなら、今かもしれない……」とあるが、このとき雨宮がそう思ったのは、どのような悩みを抱えていたからか、文章中の言葉を使って書きなさい。

問八　「⑧よく日に焼けた顔を、島さんは今日初めてほころばせた」とあるが、島さんは、雨宮だからこそできるのは、どのようなことだと思っているか、文章中の言葉を使って書きなさい。

問九　この文章についての説明として最も適切なものを次の**ア**～**エ**から選び、記号を書きなさい。
ア　比喩表現の多用により、雨宮と島さんの心理がわかりやすく描かれている。
イ　擬態語の使用によって、長谷の言葉に苦悩《くのう》する雨宮の内面が描かれている。
ウ　短文の会話や方言によって、リアリティや臨場感が高まるように描かれている。
エ　第三者の視点を通して、雨宮や指導する島さんの姿が客観的に描かれている。

合格判定テスト
実力診断
――社　会――

その2

注　意

1．机上に定規を用意しなさい。

2．問題は7ページあります。どの問題から始めてもかまいません。

3．制限時間50分，50点満点のテストです。

4．答えは，**別紙の解答用紙**に，はっきりとていねいに書きなさい。

教英出版

1　教子さんは，受験勉強で社会の復習をするために，これまでに学んだ世界地理について，地図や資料を集めてみた。

地図

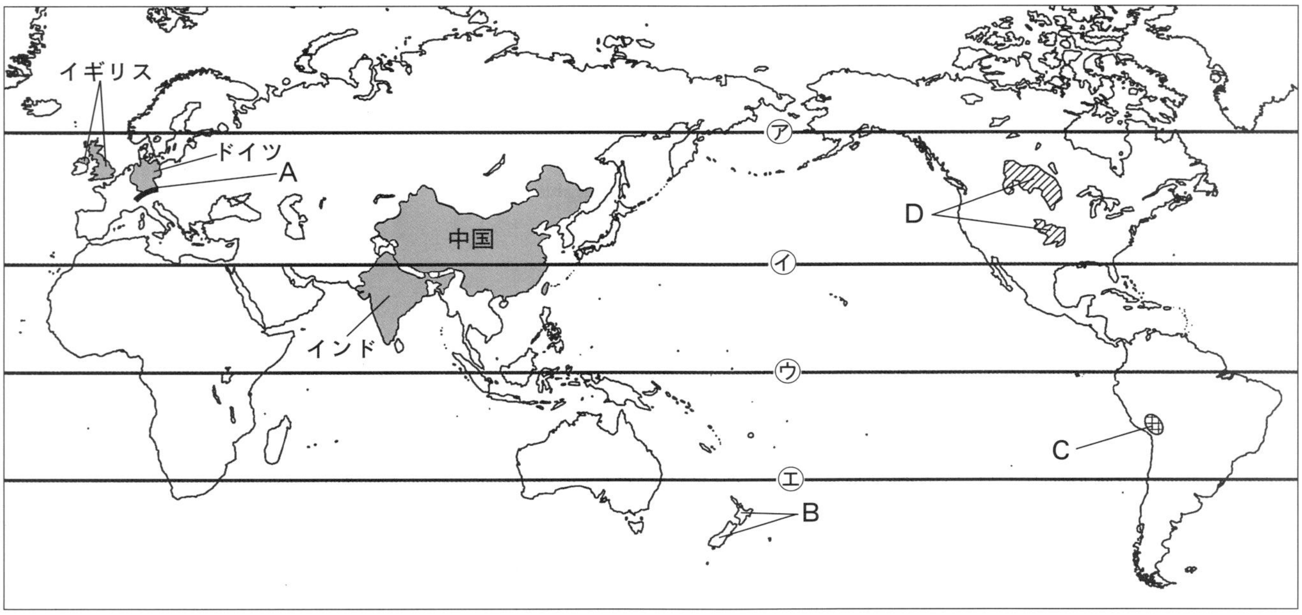

⑴　**地図**中のＡの山脈の名称を書きなさい。

⑵　**地図**中の㋐～㋓は，赤道と，赤道を基準として30度間隔に引いた3本の緯線である。このうち㋓の緯線の緯度は何度か。北緯，南緯を明らかにして書きなさい。

⑶　**地図**中のＢ国の国内に暮らす先住民族として最も適切なものを，次の**ア～エ**から1つ選び，記号を書きなさい。

ア　アボリジニ　　**イ**　イヌイット　　**ウ**　マオリ　　**エ**　ヒスパニック

⑷　**地図**中のＣで示した地域のうち，標高4000 m付近でみられる気候や生活のようすについて述べた文として最も適切なものを，次の**ア～エ**から1つ選び，記号を書きなさい。

ア　夏の降水量が少ないため，乾燥に強いオリーブの栽培がさかんである。
イ　気温が低く作物が育ちにくく，リャマやアルパカの放牧が営まれている。
ウ　季節風の影響を受けて夏の降水量が多いため，稲作がさかんである。
エ　一年中気温が高く，草原や森林が広がる地域で焼畑農業が営まれている。

⑸　次の**ア～エ**は，2019年における大豆，小麦，綿花，とうもろこしのいずれかの農産物の輸出量の上位5か国とその割合を示したものである。**地図**中のＤで示した地域で主に栽培される農産物を，**ア～エ**から1つ選び，記号を書きなさい。

ア

順位	国名	割合(%)
1	アメリカ	39.4
2	ブラジル	17.9
3	インド	6.8
4	オーストラリア	6.0
5	ギリシャ	4.0

イ

順位	国名	割合(%)
1	ブラジル	47.7
2	アメリカ	33.7
3	アルゼンチン	6.5
4	パラグアイ	3.2
5	カナダ	2.6

ウ

順位	国名	割合(%)
1	ロシア	17.8
2	アメリカ	15.1
3	カナダ	12.7
4	フランス	11.1
5	ウクライナ	7.4

エ

順位	国名	割合(%)
1	ブラジル	23.3
2	アメリカ	22.6
3	アルゼンチン	19.6
4	ウクライナ	13.3
5	ルーマニア	3.6

(6)　教子さんは**地図**中の中国について調べ，まとめた。

教子さんのまとめ

> 中華人民共和国は，日本の約（　㋑　）倍の国土面積をもち，14億1000万人の人が生活している。増え続ける人口を抑えるために一人っ子政策をとっていたが，［　　㋺　　］という予測から2016年1月以降一人っ子政策は廃止された。

①　**教子さんのまとめ**の（　㋑　）にあてはまる数として最も適切なものを，次の**ア～エ**から1つ選び，記号を書きなさい。

ア　10　　　**イ**　15　　　**ウ**　20　　　**エ**　25

②　**教子さんのまとめ**の［　　㋺　　］にあてはまる語句を，**資料1**を参考にして書きなさい。

資料1　中国の年齢別人口構成比の推移

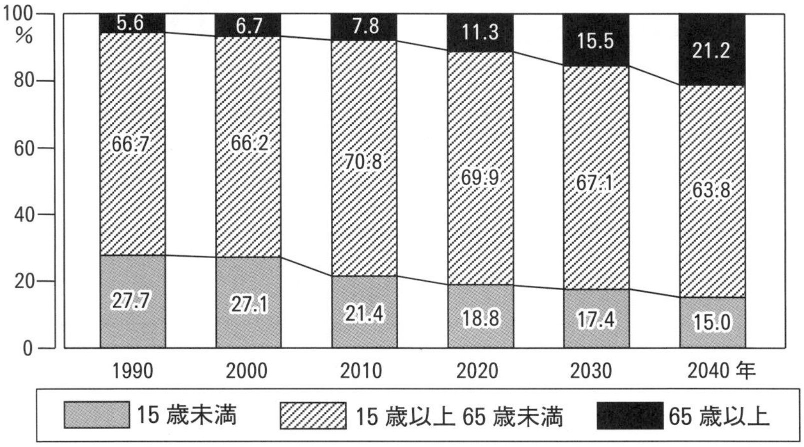

資料2　中国の製鉄所の分布

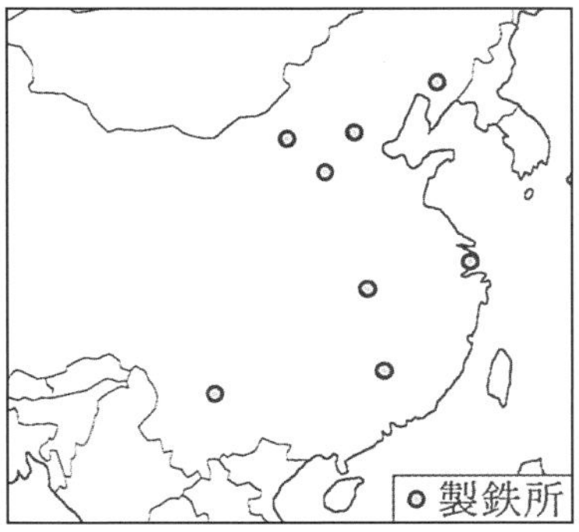

資料3　日本の製鉄所の分布

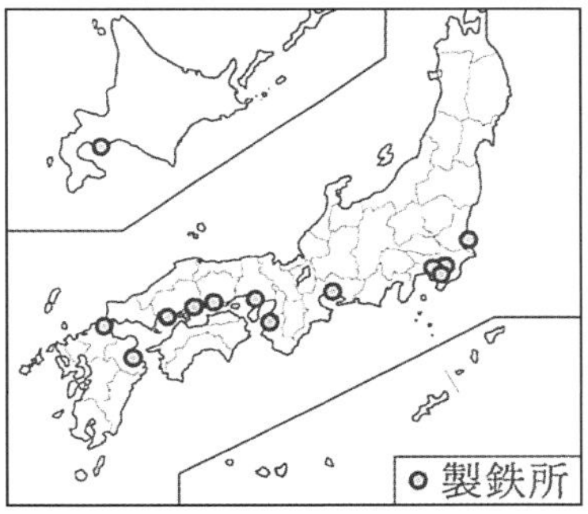

③　次に教子さんは，中国の工業について調べた。**資料2**は中国の主な製鉄所の分布を，**資料3**は日本の主な製鉄所の分布を示したものである。**資料2**，**資料3**を参考にして，中国と日本の製鉄所の分布が異なっている点について，書きなさい。ただし，日本については分布の理由を含めて書くこと。

(7)　**地図**中のイギリスについて，問いに答えなさい。

①　イギリスの首都を書きなさい。

②　**資料4**は，**地図**中のB国の国旗である。B国の国旗の左上にイギリスの国旗が描かれている理由を，B国の国名をあきらかにして書きなさい。

資料4　B国の国旗

③　**資料5**は，イギリスの首都と札幌市の気温と降水量のグラフである。イギリスの首都は札幌市より高緯度に位置するが，冬季の気温は，札幌市よりイギリスの首都の方が高いことがわかる。その理由を海流と風に着目して書きなさい。

資料5　イギリスの首都と札幌市の気温と降水量

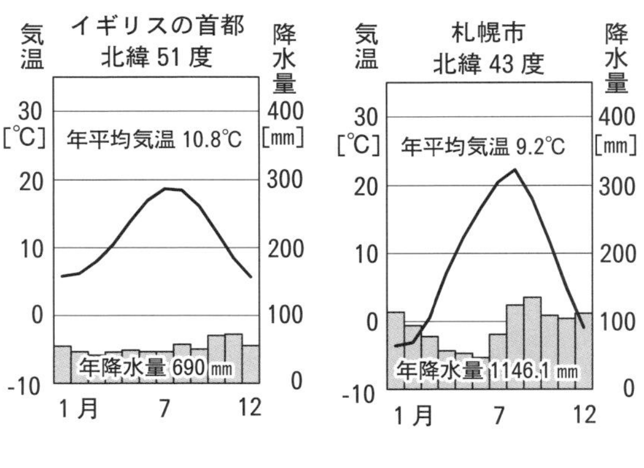

(8) **地図**中のドイツについて，問いに答えなさい。

① ドイツでは，小麦・ライ麦・じゃがいも・てんさいなどの畑作物と，牛や豚などの家畜の飼育を組み合わせた農業が営まれている。穀物栽培・飼料作物栽培・家畜の飼育を組み合わせた農業を何というか，書きなさい。

② ドイツは，EU に加盟している。**資料 6** は，2020 年における EU 加盟国の中で，共通通貨が用いられている国に色をつけたものである。EU 加盟国の共通通貨の名称を明らかにしたうえで，共通通貨の導入が人々の移動にどのような影響を与えたか，書きなさい。

資料 6　共通通貨の導入国

(9) **資料 7** は，2010 年と 2018 年における，**地図**中のイギリス・ドイツ・中国・インドの 4 か国の再生可能エネルギーによる発電量の総発電量に占める割合を示したものである。また，**資料 8** は，2010 年と 2018 年における，4 か国の発電エネルギー源別発電量の総発電量に占める割合を示したものである。**資料 7** の中で割合の変化が最も大きい国と 2 番目に大きい国を答え，**資料 8** においてその 2 か国に共通する割合の変化の特徴を書きなさい。

資料 7　(%)

	2010 年	2018 年
イギリス	6.8	35.4
ドイツ	16.5	37.0
中国	18.8	26.2
インド	16.4	19.0

資料 8　(%)

	風力		水力		太陽光	
	2010 年	2018 年	2010 年	2018 年	2010 年	2018 年
イギリス	2.7	17.1	1.8	2.4	0.0	3.9
ドイツ	6.0	17.1	4.4	3.7	1.9	7.1
中国	1.1	5.1	17.2	17.2	0.0	2.5
インド	2.1	4.1	11.9	9.5	0.0	2.5

2　地図 1 の A ～ D は県を，s は都市を示している。

(1) **資料 1** は，日本の最東端に位置し，東京都に属している島の写真である。島の名称を書きなさい。

資料 1　日本の最東端の島

地図 1

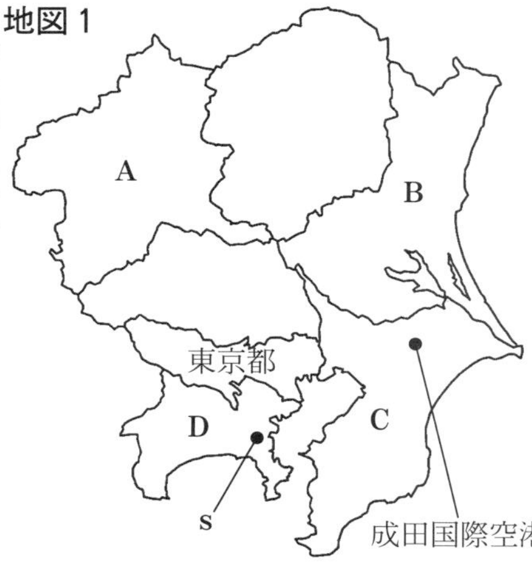

(2) **地図 1** 中の **A** 県について，問いに答えなさい。

① **A** 県の県庁所在地名を書きなさい。

② **資料 2** は，**A** 県でさかんに生産される農産物 **X** の県別収穫量を示したものである。農産物 **X** を次の **ア** ～ **エ** から 1 つ選び，記号を書きなさい。

資料 2　農産物 X の県別収穫量

順位	県名	収穫量（トン）
1	愛知県	262300
2	A県	256500
3	C県	119500
4	B県	105800
5	鹿児島県	72200

ア　はくさい　　**イ**　小麦

ウ　キャベツ　　**エ**　だいこん

③ **資料 3** は，**A** ～ **D** 県から東京都中央卸売市場に出荷された農産物 **X** の月別取扱量を示したものである。**A** 県の月別取扱量を示したものを **資料 3** の **ア** ～ **エ** から 1 つ選び，記号を書きなさい。また，選んだ理由を **A** 県で行われている農産物 **X** の栽培方法の工夫を含めて書きなさい。

資料 3　A ～ D 県の東京都中央卸売市場に出荷された農産物 X の月別取扱量

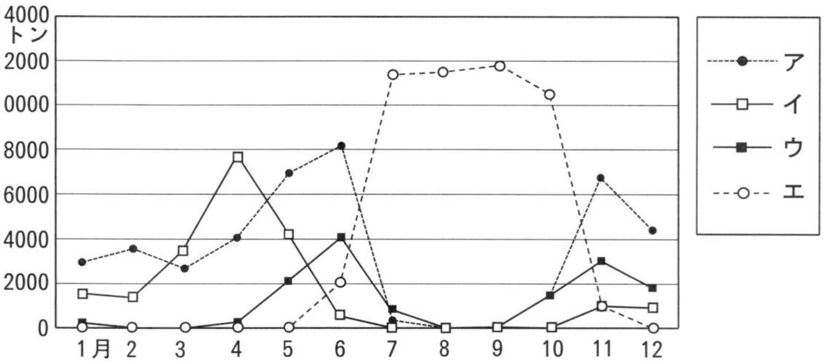

合格判定テスト
実力診断
――数　学――

その2

注　意

1．問題は３ページあります。どの問題から始めてもかまいません。

2．制限時間50分，50点満点のテストです。

3．答えは，**この用紙に直接**，はっきりとていねいに書きなさい。

4．**計 算**→ **解き方**→ **求め方**→ **と示されている問題は，過程がわかる程度の記述を余白に書き，答えは □ に書き入れなさい。** **求め方**→ **は，図にかき込んでもかまいません。**

5．１ページと２ページの上に組，番，氏名を書いてから始めなさい。

K 教英出版

組	番	氏　　名	得点

1　次の計算をしなさい。(各2点，計8点)

(1)　$10+9\div(-3)$

答

(2)　$5(2x-y)-2(3x+2y)$

答

(3)　$(-5x^2y)\div3xy\times6xy^2$

計算

答

(4)　$\sqrt{48}(3-\sqrt{3})-\sqrt{27}$

計算

答

5　下の図は，立方体の展開図である。これを組み立てたとき，平行に向かいあう面が3組ある。その組み合わせをすべて，**ア～カ**の記号で書きなさい。(2点)

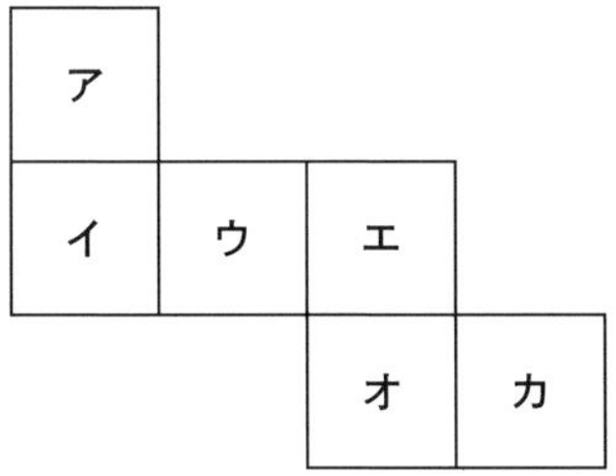

答　と　，　と　，　と

6　A市，B市，C市について，2014年から2021年の6月の1か月間における雨が降った日の日数を調べた。右の表は，A市における結果をまとめたものである。下の図は，B市，C市における結果を表した箱ひげ図である。この表や図について，次の問いに答えなさい。ただし，日数のデータはすべて整数とする。(各2点，計4点)

年	日数(日)
2014	10
2015	7
2016	8
2017	15
2018	12
2019	11
2020	15
2021	18

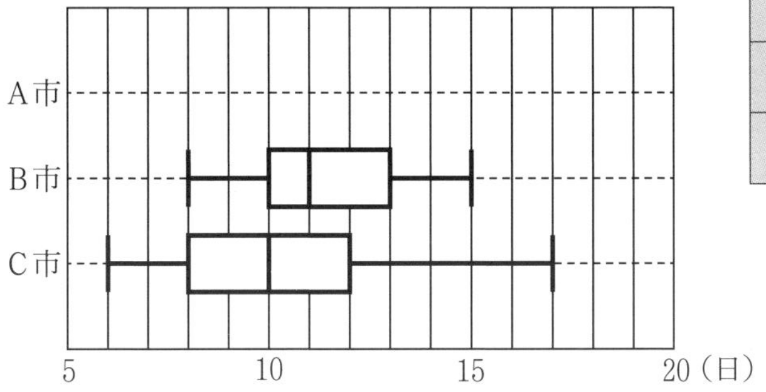

組	番	氏　　名

8 下の図のように，２点A，Bを通る直線ℓと，線分CDがある。[　　]の条件を満たす点Pを作図によって求めなさい。ただし，作図に用いた線は残しておくこと。（３点）

条件①　△PABは，PA＝PBの二等辺三角形である。
条件②　∠DCP＝45°である。

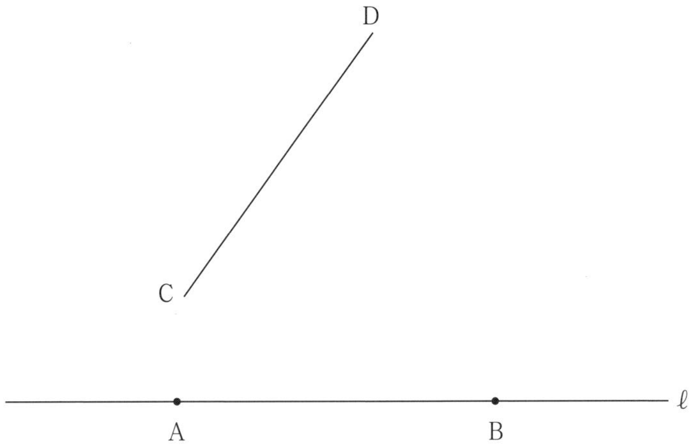

10 教英中学校には長さ50mのプールがある。このプールで教子さんと水泳部員である英子さんが１往復して100mを泳ぐ競争をした。教子さんが先にスタートし，その30秒後に英子さんが同じスタート地点からスタートした。教子さんは100mを120秒で泳ぎ，英子さんは100mを80秒で泳いだ。下の図は，教子さんがスタートしてからの時間をx秒，スタート地点からの距離をymとし，教子さんのグラフをかきこんだものである。このとき，次の問いに答えなさい。ただし，２人とも一定の速さで泳ぎ，折り返しのターンにかかる時間は考えないものとする。

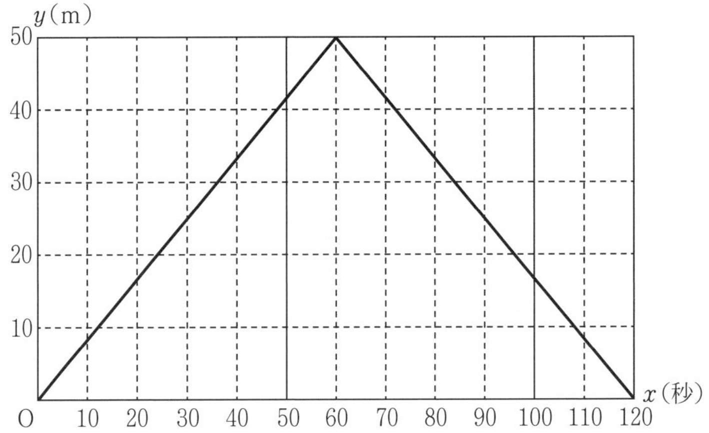

(1)　教子さんの泳ぐ速さは秒速何mか，分数で求めなさい。（２点）

求め方

11 下の図で，①は関数$y=-\dfrac{9}{x}$のグラフ，②は関数$y=-3x+a$のグラフである。点A，Bはグラフ①と②の交点であり，点Aのx座標は-1である。また，②とy軸との交点をC，点Bを通る直線③とx軸との交点をD，点Bを通りy軸に平行な直線とx軸との交点をEとする。このとき，次の問いに答えなさい。

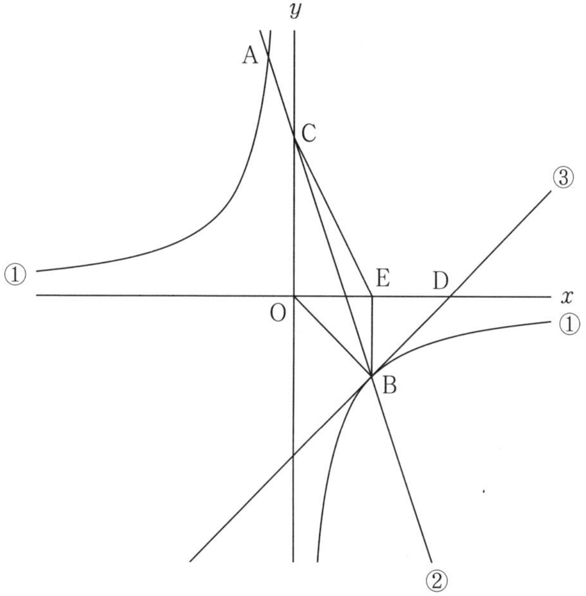

(1)　aの値を求めなさい。（2点）

求め方

答　$a=$

(2)　点Bのx座標が3となるとき，四角形BECOと△BODの面積の比が3：2となる。このとき，点Dの座標を求めなさい。（3点）

求め方

13 下の図の四角形ABCDはひし形であり，△BCEはBC＝BEの二等辺三角形である。点Fは直線AEと辺CDとの交点である。
∠ADC＝50°，∠BCE＝75°であるとき，∠xの大きさを求めなさい。
（3点）

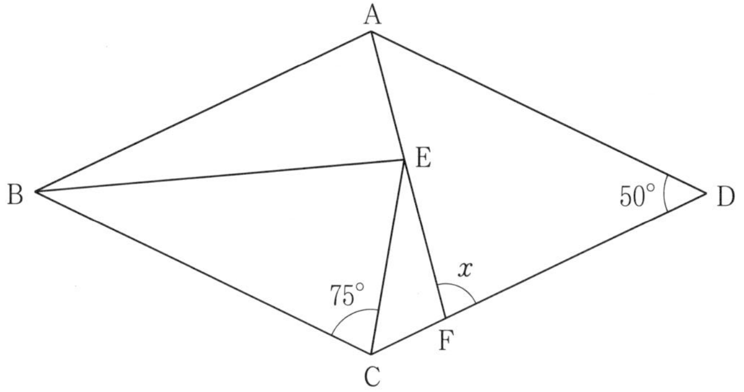

求め方

答　　　度

14 下の図の四角形ABCDは正方形で，BE＝CFとなるように，辺BC上に点E，辺CD上に点Fをとる。点Aと点E，点Bと点Fをそれぞれ結ぶとき，∠AGB＝90°であることを証明しなさい。（4点）

合格判定テスト
実力診断
――理　科――

その2

注　意

1．問題は7ページあります。どの問題から始めてもかまいません。

2．制限時間50分，50点満点のテストです。

3．答えは，**別紙の解答用紙**に，はっきりとていねいに書きなさい。

1　次の(1)～(4)の問いに答えなさい。

(1)　モノコードを使って音の性質について調べるため，**図1**のように弦をはじいて発生させた音を，マイクを通してオシロスコープの画面に表示させ観察した。

図1

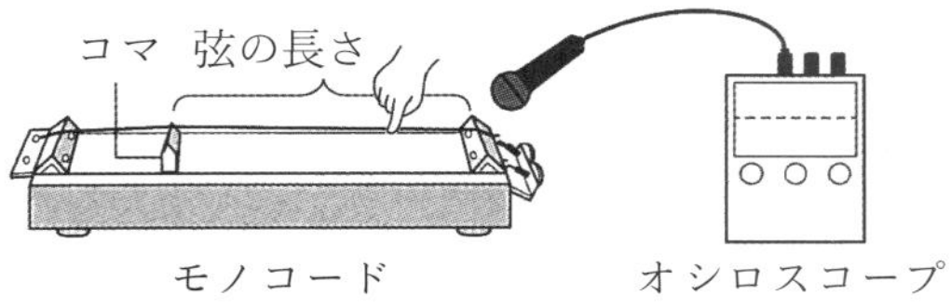

①　音が発生したとき，オシロスコープの画面はどのように表示されるか，適するものを次の**ア～エ**から１つ選び，記号を書きなさい。

ア
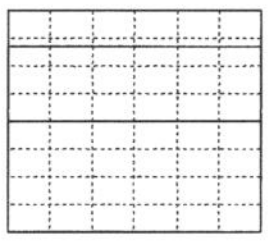
イ
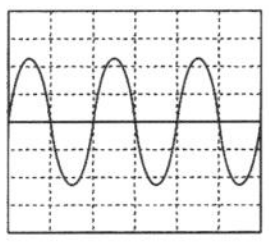
ウ
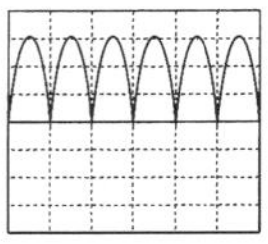
エ
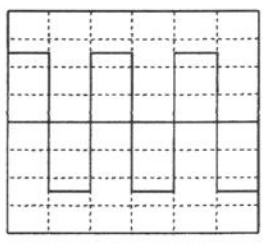

②　**図1**のコマを動かして，発生させた音よりも高い音にするための操作を書きなさい。

(2)　シダ植物の特徴を調べるため，イヌワラビのからだのつくりを観察し，**図2**のようにスケッチした。

図2

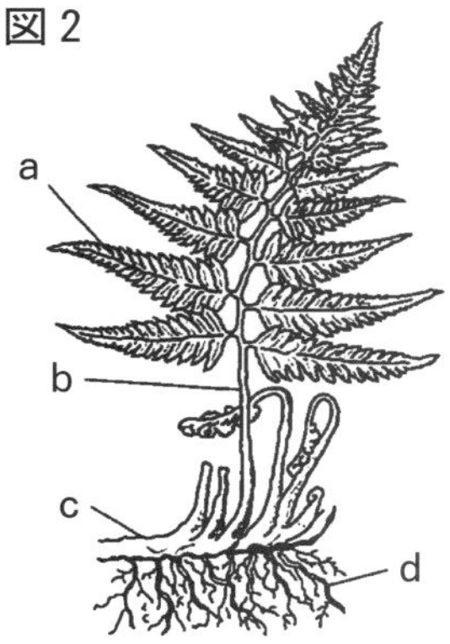

①　イヌワラビの葉の部分はどこか，**図2**の**a～d**からすべて選び，記号を書きなさい。

②　**a**の部分の裏側の小さな袋状ものは，**図3**のゼニゴケにも見られるつくりである。イヌワラビとゼニゴケが共通してもつ特徴として適するものを次の**ア～エ**から１つ選び，記号を書きなさい。

ア　水を体の表面全体から吸収する。
イ　光合成を行って自ら栄養分を作る。
ウ　雄株と雌株に分かれている。
エ　種子を作ってふえる。

図3

(3)　質量が13.5gの３種類の金属**X～Z**と50.0cm³の水を入れたメスシリンダーを用意し，**図4**のように金属**X**を入れ，水中に沈んだときのメスシリンダーの目盛りを読み取った。さらに，金属**Y**，**Z**についても，それぞれ同様の実験を行い，メスシリンダーの目盛りを読み取った。**表**は，このときの結果をまとめたものである。

図4

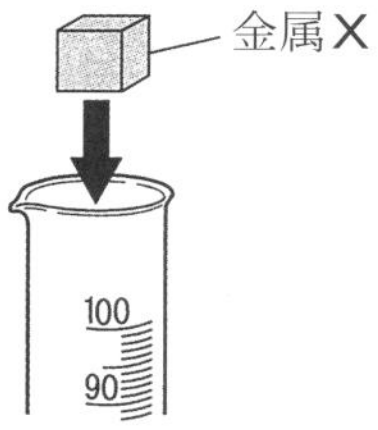

①　金属**X**の密度は何g/cm³か，求めなさい。

②　金属**X～Z**の密度の大きさの関係として適するものを次の**ア～エ**から１つ選び，記号を書きなさい。

表

	金属X	金属Y	金属Z
読み取った体積〔cm³〕	55.0	51.7	51.5

ア　X＞Y＞Z　　**イ**　X＞Z＞Y　　**ウ**　Y＞Z＞X　　**エ**　Z＞Y＞X

(4)　**図5**は，前線**x**と前線**y**をともなう温帯低気圧が西から東に移動し，ある地点**P**を前線**x**，前線**y**の順に通過する前後のようすを表した模式図である。

図5

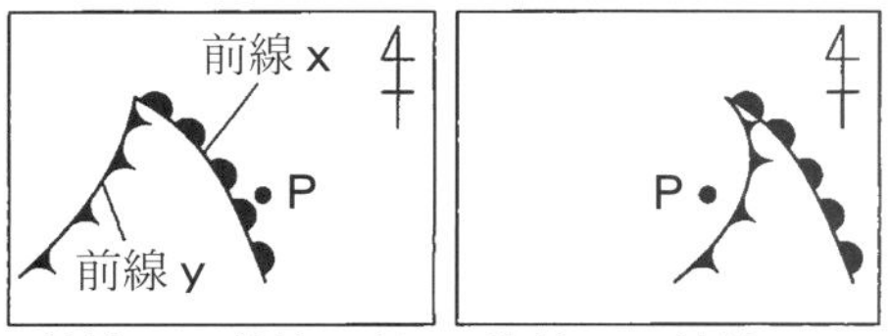

前線**x**，前線**y**が通過する前　　前線**x**，前線**y**が通過した後

①　前線**y**が前線**x**に追いつくとできる前線を何というか，書きなさい。

②　前線**y**の通過にともなって降る雨は，前線**x**の通過にともなって降る雨に比べて，降り方にどのような特徴があるか，雨の強さと雨が降る時間に着目して書きなさい。

2　英太さんと教子さんは，反応の速さについて調べるため，実験をすることにした。あとの問いに答えなさい。

〈実験〉

30cmのものさしを用意し，**図1**のように英太さんはものさしの上端を持ち，ものさしの0の目盛りを教子さんの手の位置に合わせた。また，英太さんと教子さんはお互いに空いている手をつなぎ，教子さんは目を閉じた。英太さんは，つないだ手を強くにぎると同時にものさしをはなした。教子さんは，つないだ手が強くにぎられたのを感じたら，すぐにものさしをつかみ，**図2**のように，ものさしが落下した距離を測定した。このような操作を5回繰り返し，結果を**表**に示した。

表

	1回目	2回目	3回目	4回目	5回目
ものさしが落下した距離〔cm〕	19.0	20.8	18.5	20.0	19.2

図1

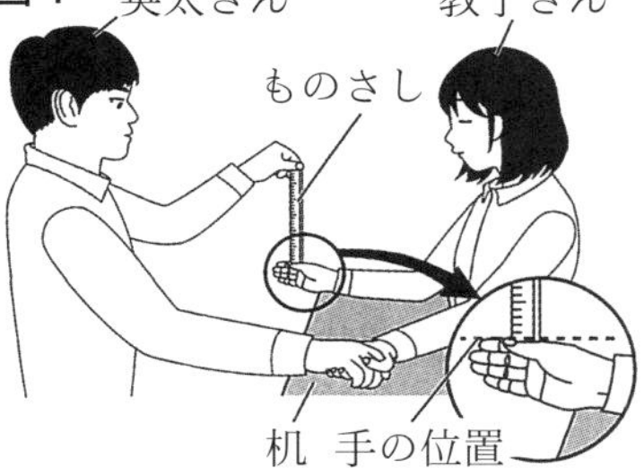

図2

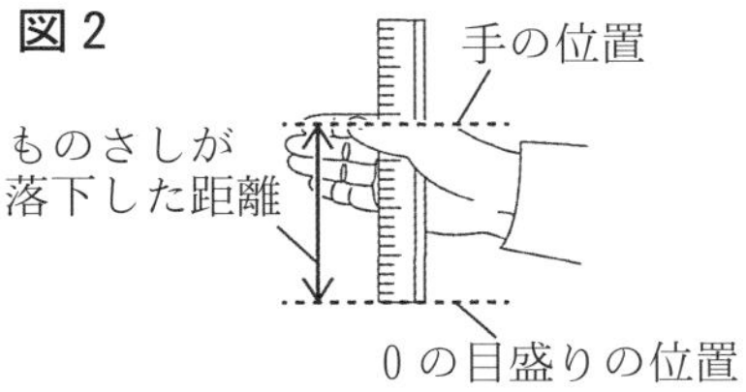

⑴　**図3**は，教子さんがつないだ手を強くにぎられてから，刺激が信号に変えられ，反対側の手でものさしをつかむまでの反応の経路である。①，②にあてはまる末しょう神経をそれぞれ書きなさい。

図3

にぎられた手の皮ふ→［　①　］→中枢神経→脳→中枢神経→［　②　］→反対側の手の筋肉

⑵　より正しい値を求めるためには，**〈実験〉**のように繰り返しものさしが落下した距離を測定し，平均値を求める必要がある。その理由を書きなさい。また，**表**から，5回の実験の平均値を求めなさい。

⑶　**図4**は，30cmのものさしが落下する時間と落下する距離の関係を示したものである。**図4**と，⑵で求めた平均値から，手を強くにぎられてから反対側の手でものさしをつかむまでの時間として適するものを次の**ア**～**エ**から1つ選び，記号を書きなさい。

ア　0.19秒　　**イ**　0.20秒　　**ウ**　0.21秒　　**エ**　0.22秒

図4

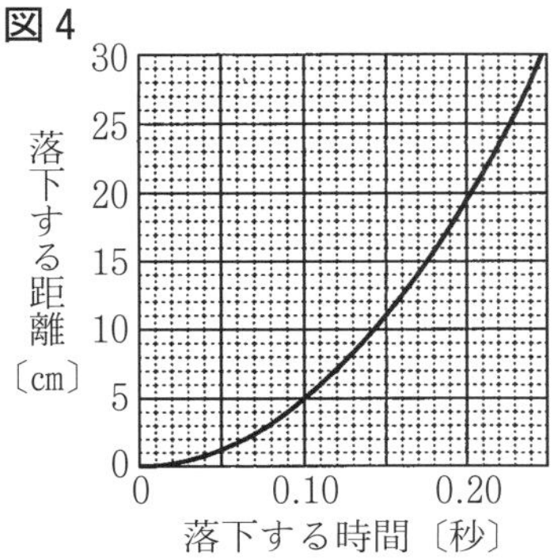

⑷　手で熱いものにふれたとき，熱いと感じる前に思わず手を引っこめる反応は反射であり，危険から体を守ることに役立っている。この反応が**〈実験〉**のような意識して起こす反応に比べて短い時間で起こるのはなぜか，「せきずい」という言葉を使って書きなさい。

教子さんは，神経に続いてからだの各器官のはたらきについても調べたいと思い，教科書に載っていたヒトの血液の循環のようすを模式的に表した図5を使って調べた。

図5

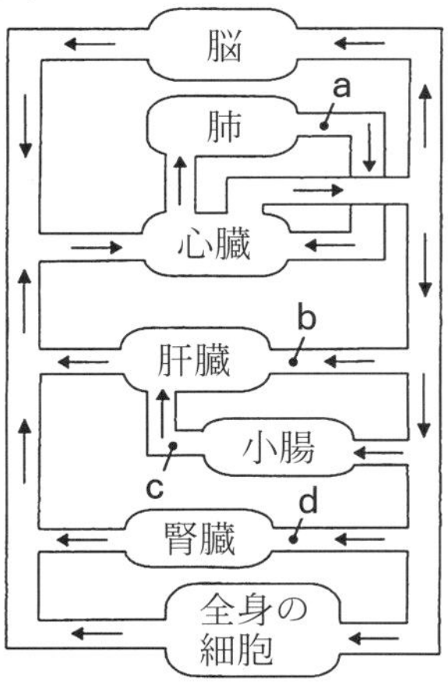

⑸　**図5**の**a**～**d**のうち，含まれる栄養分の割合が最も大きい血液が流れる部分として適するものを1つ選び，記号を書きなさい。

⑹　**図6**は，肺の一部を模式的に表したものである。気管支の先端にたくさんある小さな袋を何というか，書きなさい。

図6

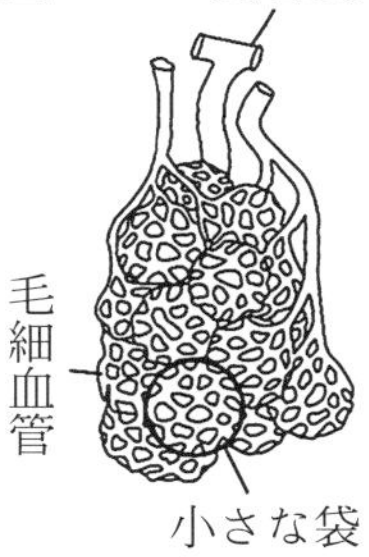

⑺　血液が，肺から全身の細胞に酸素を運ぶことができるのは，赤血球に含まれるヘモグロビンの性質によるものである。その性質を，「酸素」という言葉を使って書きなさい。

⑻　細胞の生命活動によってできた有害なアンモニアを，無害な尿素に変える器官は何か，書きなさい。

3　**教子さんと英太さんはさまざまな物質の化学変化に興味をもち，実験１，２を行った。あとの問いに答えなさい。**

〈実験１〉

図１のように炭酸水素ナトリウム3.0ｇを乾いた試験管に入れ，試験管を弱火で加熱して発生した気体を水上置換法で集めた。気体が発生しなくなったら，ガラス管を水そうから取り出し，加熱をやめた。次に，①１本目の試験管に集まった気体は使わず，２本目の試験管に集まった気体，加熱した試験管の内側についた液体，加熱した試験管に残った固体，炭酸水素ナトリウムの性質を調べた。

図１

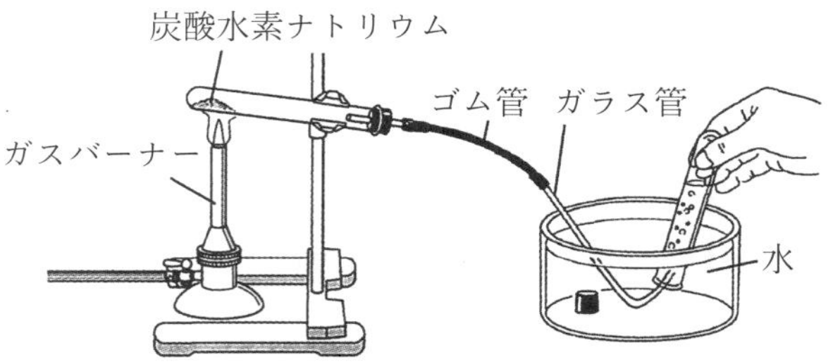

(1)　**〈実験１〉**で起こる化学変化を何というか，書きなさい。

(2)　下線部①で，１本目の試験管に集まった気体を使わないのはなぜか，書きなさい。

英太：試験管の内側についた液体は塩化コバルト紙を使うと調べられるね。

教子：そうね。**表１**の実験結果から，試験管の内側についた液体は水だとわかるね。発生した水をさらに分解できないのかな。

英太：②水に電流を流せば水素と酸素に分解できるんじゃないかな。

教子：それと，**表１**の実験結果から，③試験管に残っている白い固体は，炭酸水素ナトリウムとは別の物質だとわかるね。

英太：つまり，炭酸水素ナトリウムを加熱すると，固体，液体，気体に分かれるってことだね。

表１

	操作	結果
試験管内の内側についた液体	青色の塩化コバルト紙をつける。	赤色に変わる。
試験管に残っている白い固体	水に溶かし，フェノールフタレイン溶液を加える。	水によく溶け，溶液は赤色に変わる。
炭酸水素ナトリウム	水に溶かし，フェノールフタレイン溶液を加える。	水に少し溶け，溶液はうすい赤色に変わる。

(3)　下線部②のように，水に電流を流して水素と酸素に分解したときの化学変化を，化学反応式で書きなさい。

(4)　下線部③で，試験管に残っている白い固体の名称を書きなさい。また，試験管に残っている白い固体は炭酸水素ナトリウムと比べてどのような特徴があるか，「アルカリ性」という言葉を使って書きなさい。

合格判定テスト
実力診断
――英　語――

その2

注　意

1．問題は７ページあります。※**放送による問題**は，放送の指示にしたがってやりなさい。

2．制限時間50分，50点満点のテストです。

3．答えは，**別紙の解答用紙**に，はっきりとていねいに書きなさい。

4．**英語を書くときは，大文字，小文字の区別や，ピリオド，コンマなどに気をつけて書きなさい。**

※音声の聴き方は「このテストの使い方」に記載しています。
放送文は，「正答例と解説」の15ページにあります。ウェブサイトで音声を聴くことができない場合は，そちらを読みながらテストを実施してください。

教英出版

☆１・２・３は放送による問題です。

１　英《えい》太《た》（Eita）とジャネット（Janet）の対話とそれに対する質問を聞いて，質問の答えとして適するものをア，イ，ウ，エから１つ選び，記号を書きなさい。英語は２回くり返します。

(1)

ア

イ

ウ

エ

(2)

ア

イ

ウ
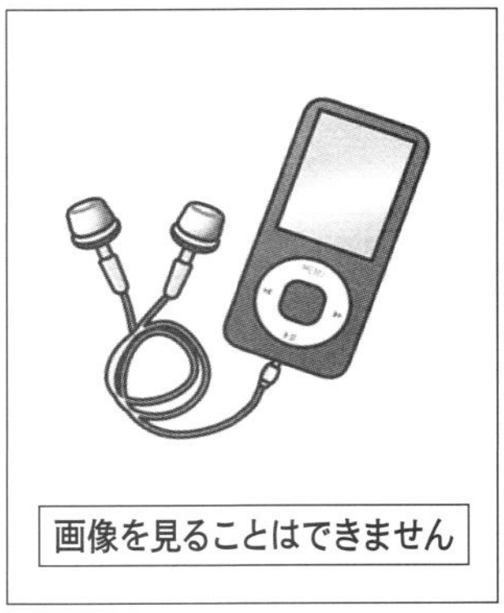

エ

(3)

ア

イ

ウ

エ

(4)

ア

イ

ウ

エ

2　ALT のリアム（Liam）先生がクリスマスの思い出について話をしています。内容に合うように，①～⑤の（　　　）に適する日本語を書きなさい。英語は 2 回くり返します。

・クリスマスイブのいくつかのわくわくするイベントは（　①　）。
・リアム先生が紹介するのはサンタクロースのボランティア活動である。
・サンタクロースのボランティア活動では…

- クリスマスイブの夜にサンタクロースが（　②　）にやってくる。
- サンタクロースは（　③　）メリークリスマスと言い，（　④　）をくれる。
- サンタクロースはたった数分しかいないが，子どもたちの一番の（　⑤　）になるクリスマスをもたらしてくれる。

3　教子《きょうこ》（Kyoko）とジョン（John）がある記事を話題にしています。対話を聞き，(1)(2)は質問の答えとして適するものをア，イ，ウから 1 つずつ選び，記号を書きなさい。(3)(4)は質問に英語で答えなさい。英語は 2 回くり返します。

(1)　ア　Yes, he is.　　イ　No, he isn't.　　ウ　Yes, he does.
(2)　ア　For 50 minutes.　　イ　For 5 minutes.　　ウ　For 15 minutes.
(3)　＿＿＿＿＿＿＿＿＿＿＿＿＿＿＿＿.
(4)　She ＿＿＿＿＿＿＿＿＿＿＿＿＿＿.

4　英太（Eita）と留学生のアマンダ（Amanda）が，スマートフォン（smartphone）の話をしています。対話を読んで，あとの問いに答えなさい。

Eita : Hello, Amanda.　I'm working on my *report.　Can I ask you some questions?

Amanda : Of course!　(　　　①　　　)

Eita : It's about smartphones.

Amanda : (　　　②　　　)　I know a lot of people use smartphones in their *daily lives.

Eita : Yes, smartphones are very popular today.　Now, some high school students can use smartphones in the classroom.　I think this topic is interesting.　What do you think about it?

Amanda : Well, I think there are both good *points and bad points.

Eita : I think so, too.　I want to know about the good points first.

Amanda : These days, most high school students have a smartphone.　They have easy *access to the internet.　If the students can use smartphones in the classroom, their school life is more *convenient than before.

Eita : I don't understand your point.　Could you give me an example?

Amanda : (　　　③　　　)　For example, students can *surf the internet and work on classroom *activities more *effectively.　*Sharing information with classmates and teachers is easy.　Using the internet from their smartphones is the fastest.

Eita : I understand.　*What else can students do with their smartphones?

Amanda : Well, students can find and watch videos about a lot of topics.　They can also use it as a *calculator or for taking *notes in the classroom.　Smartphones can be useful for learning.

Eita : Well, what do you think about the bad points?

Amanda : First, I think that it's easy for students to *lose focus when they use smartphones.　Second, they play games and don't listen to the class.

Eita : I understand your *opinion.　We should learn the right way to use smartphones.　(　　　④　　　)

Amanda : You're welcome.

*report : レポート
*daily lives : 日常生活
*point(s) : 点
*access : アクセス
*convenient : 便利な
*surf the internet : インターネットを見て回る
*activities : 活動
*effectively : 効率よく
*share : 共有する
*what else : 他に何か
*calculator : 計算機
*note(s) : メモ
*lose focus : 集中力を失う
*opinion : 意見

合格判定テスト・実力診断　その二

国語解答用紙

＊は一つ一点とする。

解答に字数制限がある場合は、句読点も一字として数えること

組	番	氏名	得点

一

①＊

②＊

③＊ ぐ

④＊ める

⑤＊

⑥＊

⑦＊ ぶ

⑧＊ い

二

問一＊

問二＊

問三 完答＊＊

問四＊＊

問五＊＊

問六 (1)＊＊ (2)＊＊

問七＊＊

問八＊＊

三

教英出版

合格判定テスト・実力診断　その2

社　会　解　答　用　紙

組	番	氏　　名	得　点

＊は1つ1点とする。

1

＊(1)	山脈	
＊(2)	度	
＊(3)		
＊(4)		
＊(5)		
(6)	＊①	
	＊②	
	＊＊③	
(7)	＊①	
	＊②	
	＊③	
(8)	＊①	
	＊＊②	
(9)	割合の変化が最も大きい国と2番目に大きい国＊	
	共通する割合の変化の特徴＊	

2

＊(1)	島	
(2)	＊①	市
	＊②	
	③	記号＊
		理由＊

組	番	氏　名	得点

合格判定テスト・実力診断　その2

理　科　解　答　用　紙

＊は1つ1点とする。

1	(1)	＊①	＊②	
	(2)	＊①	＊②	
	(3)	＊＊① g / cm³	＊②	
	(4)	＊①	＊＊②	

2	(1)	＊①	＊②
	(2)	理由＊	平均値＊ cm
	＊(3)	＊(4)	
	＊(5)	＊(6)	
	＊(7)	＊(8)	

＊(1)	＊(2)	
＊		名称＊

教英出版

合格判定テスト・実力診断　その２

英　語　解　答　用　紙

＊は１つ１点とする。

組	番	氏　　名	得 点

1	＊(1)		＊(2)		＊(3)		＊(4)	

2	＊①		＊②		＊③	
	＊④		＊⑤			

3	＊(1)		＊(2)		＊(3)	.
	＊(4)	She .				

4	(1)	＊①		＊②		＊③		＊④
	(2)	＊						
		＊						
	(3)	＊	＊					

	(1)	＊㋐		＊㋑	
	＊＊(2)	I was eleven, and now I practice it every day.			

5

(4) *

(5) **

(6) ① ** ② **

(7) *

6

① **

② **

③ **

④ **

7

(1) ** **

(2) **

3

(4)	
*(5)	
*(6)	
**(8)	g

*(7)

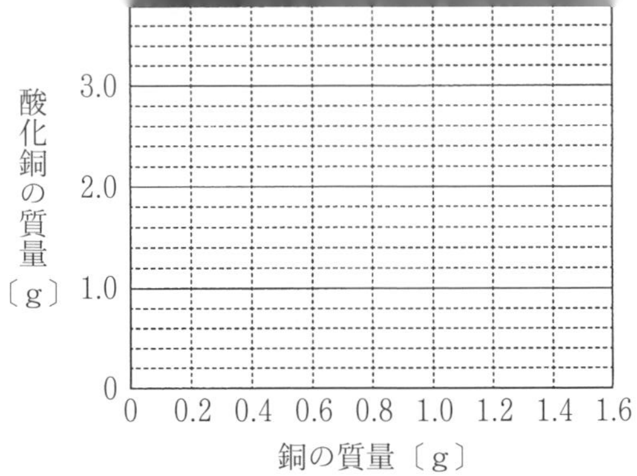

4

*(1)		*(2)	
*(3)	Ω	**(4)	
*(5)		*(6)	
*(7)			
**(8)			

5

*(1)

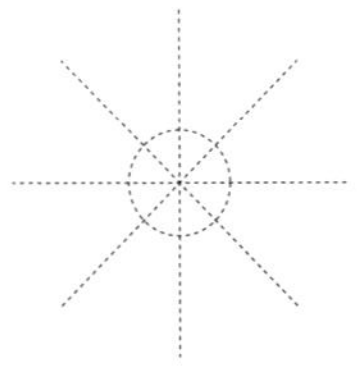

**(2)			
*(3)	%	**(4)	g
**(5)			
*(6)		*(7)	

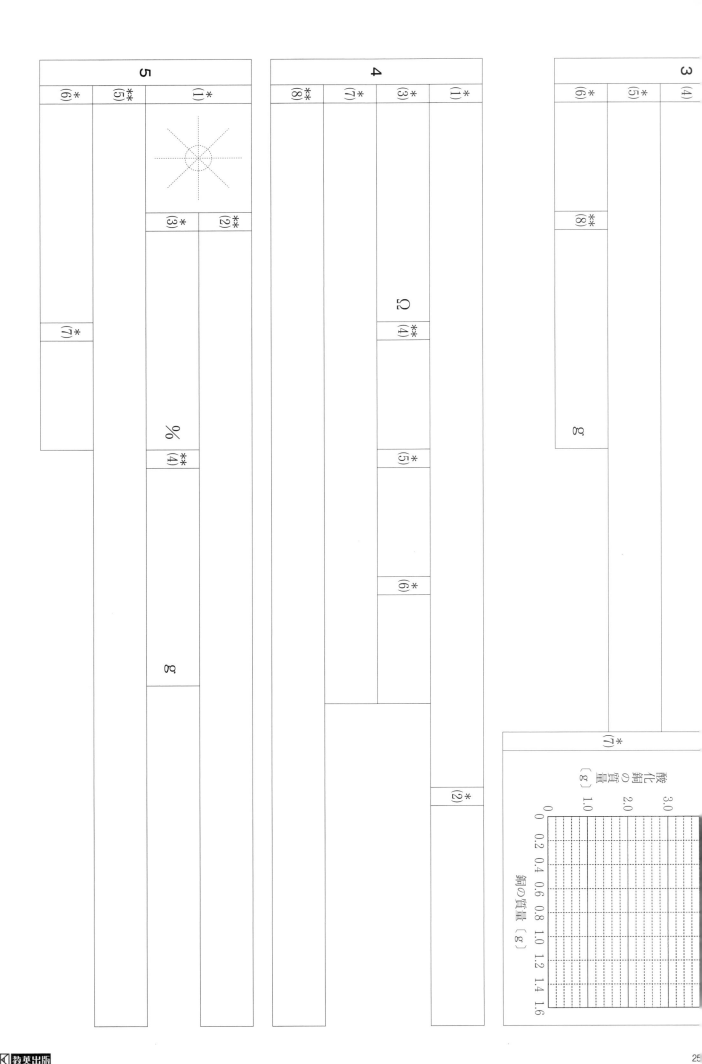

＊(5)		(6)	＊①		＊② 月　日　午前／午後　時　午前・午後どちらかを○で囲むこと

3	(1)	＊＊①	
		＊②	＊③ 僧の名前　記号　＊④ 文化
	(2)	＊①	＊② → →
		＊③	
	(3)	＊①	文化　＊②
		③	条約名＊　大老の名前＊
		④	X＊　理由＊＊
	(4)	①	i＊　ii＊
			iii＊＊
		＊②	→ →　＊③　④ i＊　ii＊

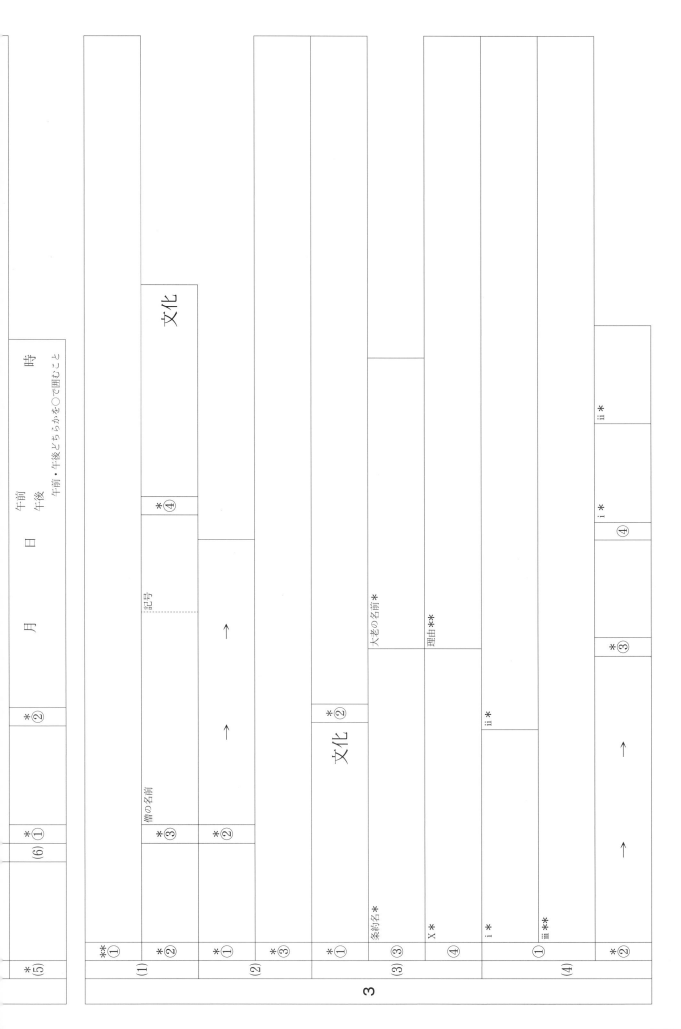

＊＊

問四 ＊＊

社会人は

ということ。

問五 ＊

問六 ＊

問七 ＊＊

問八 ＊＊

問九 ＊＊

四

問一 ＊＊

問二 ＊＊

問三 ＊＊＊

問四 ＊＊

100

140

(1) ①～④の(　　)に最も適する英語を次の**ア～キ**から1つずつ選び，記号を書きなさい。

ア	I like your smartphone.	**イ**	I'm not interested in smartphones.
ウ	Sure!	**エ**	Thank you for your help.
オ	How about you?	**カ**	What is your report about?
キ	Sounds exciting.		

(2) アマンダが述べたスマートフォンの悪い点を日本語で2つ書きなさい。

(3) 対話の内容と合うものを次の**ア～オ**から2つ選び，記号を書きなさい。

ア Amanda is working on her report.
イ Amanda thinks sharing information by using smartphones is easy.
ウ Amanda thinks smartphones can be useful for learning.
エ Eita wanted to know about the bad points of smartphones first.
オ Eita thinks he shouldn't know the right way to use smartphones.

5　教子（Kyoko）は，チェロ（cello）についてスピーチ原稿《げんこう》を書きました。英文を読んで，あとの問いに答えなさい。

Have you ever ㋐(hear) the sound of a cello? It's soft and warm, and I like the sound. [have ／ playing ／ the ／ since ／ been ／ cello ／ I] I was eleven, and now I practice it every day. My grandfather is a cello *maker, so cellos are always *close to me. He lives in a small house in the *woods.

One sunny morning, I visited Grandfather. He was *cutting an old *maple tree near his house to make a new cello, so I helped him cut it. When we were ㋑(work), I asked, "How old is this tree, Grandfather?" He answered, "It's more than a hundred years old, Kyoko." "Wow, it was here before you and I *were born!" I said. He taught me that older trees make the sound of a cello *deeper and softer. Then he said, "Well, we worked hard today. Let's go back to the house and I'll make you a cup of coffee!"

While we were drinking coffee together in his house, Grandfather told me many things about cellos. He asked, "Do you still use the cello?" Grandfather gave me the cello when I was eleven. "Of course, I do. I like your cello. I want to be a *cellist in the future." Grandfather said, "I'm glad to hear that. And what do you want to do when you become a cellist?" I never thought about that, so I couldn't answer his question. I only said, "Well, ＿＿＿＿＿＿." He thought *for a while and said, "Come with me, Kyoko."

Grandfather took me to the next room. There were a lot of cellos on the wall, and the *smell of trees was *everywhere in the room. I asked, "How many cellos have you made?" He said, "I have made *hundreds of them. I made your cello when you were born, and it's my favorite." "①Why did you decide to be a cello maker?" I asked. Then he answered, "*Actually I once wanted to be a cellist like you, Kyoko. But when I was your *age, I *hurt my arm and it was difficult to continue playing the cello." I was surprised because he never talked about it before. He lost his dream at the age of fifteen. I could *imagine his heart. I said, "Then, you decided to be a cello maker, right?" He said, "Yes. I wanted to do something about cellos because I still liked them. Well, I was happy because I found my favorite thing early in my life." He continued, "Look at all the cellos, Kyoko. Every cello is made of old maple trees. Those trees were *cut down a long time ago, but they can live *forever as cellos." I said, "I've never thought about them that way. But when I listen to the sound of a cello, I really feel happy." He smiled and said, "It's like a voice from the woods. I want to make cellos to *express the most beautiful voice of the maple trees, Kyoko." Grandfather's face looked soft and warm when he said so. Again, I looked around his cellos. ②I *was very impressed because he made a lot of cellos and still continued to hold his dream.

Now I play the cello in a different way. I just played it to be a famous cellist before, but now I try to play the cello to *deliver the voice of the trees to people. I want to express it someday with his cello.

*maker：職人
*close：身近な
*woods：森
*cut(ting)：切る
*maple：カエデ
*be born：生まれる
*deep(er)：深い
*cellist：チェロ奏者
*for a while：しばらくの間
*smell：香り
*everywhere：いたるところに
*hundreds of：数百の
*actually：実は
*age：年齢
*hurt：けがを負う
*imagine：想像する

*cut：cut の過去分詞
*forever：永遠に
*express：表現する
*be impressed：感動する
*deliver：届ける

(1) ㋐と㋑の動詞を適する形にしなさい。形を変える必要がない場合はそのまま書きなさい。

(2) [　　]内の英語を，正しい語順に並べかえて書きなさい。

(3) □ に最も適する英語を次の**ア〜エ**から選び，記号を書きなさい。

ア I just want to be a famous cello maker

イ I just want to be a famous cellist

ウ I want to be a cellist like you

エ I want to be a cello maker like you

(4) 下線部①の質問に対する理由を，日本語で２つ具体的に書きなさい。

(5) 下線部②のように教子が感動した理由を日本語で具体的に書きなさい。

(6) 本文の内容に合うように，次の質問に４語以上の英語で答えなさい。

① When did Kyoko's grandfather give her a cello?

② How does Kyoko feel when she listens to the sound of a cello?

(7) 教子のスピーチの内容と合うものを，次の**ア〜オ**から２つ選び，記号を書きなさい。

ア Kyoko doesn't practice the cello now.

イ Grandfather made a cello for Kyoko and both Kyoko and Grandfather like it.

ウ Kyoko visited Grandfather on a rainy day, so they didn't work in the woods.

エ Grandfather can play the cello very well now because he is a cello maker.

オ Kyoko wants to deliver the voice of trees to people.

次のページにも問題があります。

6　教子（Kyoko）と友人のエマ（Emma）がリモートで話をしています。①と②のことを伝えるとき，英語でどのように言いますか。下線部に適する英語を書きなさい。また，③と④には，会話の流れが自然になるように，それぞれ5語以上の英語を書きなさい。ただし，同じ内容の文は入れないこととします。

Emma : Hi, Kyoko. You look so happy. Did something good happen?

Kyoko : Look! This camera is a present from my father.
①私はずっとそれが欲しかったの。

Emma : Oh! I didn't know that you liked taking pictures.

Kyoko : After I *entered junior high school, I took many pictures.

Emma : ②あなたの写真を見てもいい？

Kyoko : Of course. I'll show you my favorite picture. I like taking pictures of animals because ______③______.

Emma : Oh, your picture is very good. But I like pictures of *scenes better because ______④______. Have you ever taken pictures of scenes?

Kyoko : Of course, I have taken them *a lot. I like this picture of Mt. Fuji.

*enter(ed)：入る
*scene(s)：風景
*a lot：大いに

7　ALTのグリーン（Green）先生が，A市（A City）の商店街（the shopping district）に捨てられたゴミ（trash）の種類に関するグラフ（graph）を配りました。グラフを見て，グリーン先生の質問に対する答えを英語で書きなさい。

〈グラフ〉

商店街にはどんな種類のゴミが捨てられているの？

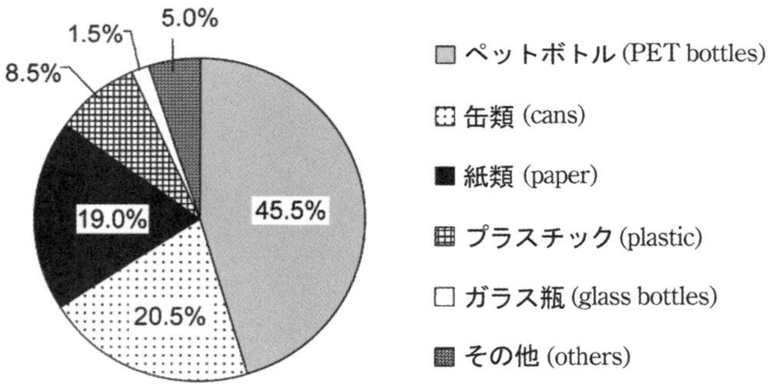

This graph shows "What kinds of trash *are thrown away in the shopping district?"

*are thrown away：捨てられる

〈グリーン先生の質問〉

(1) What can you see from this graph? Please write two things from it.

(2) What should you do to clean A City's shopping district? Please write your own idea.

〈実験２〉

酸化銅を得るために，Ａ～Ｅの班ごとに銅の粉末をはかりとり，それぞれを**図２**のように④ステンレス皿全体にうすく広げてガスバーナーで加熱した。その後，よく冷やしてから加熱後の物質の質量を測定した。**表２**は，班ごとの結果をまとめたものである。

図２

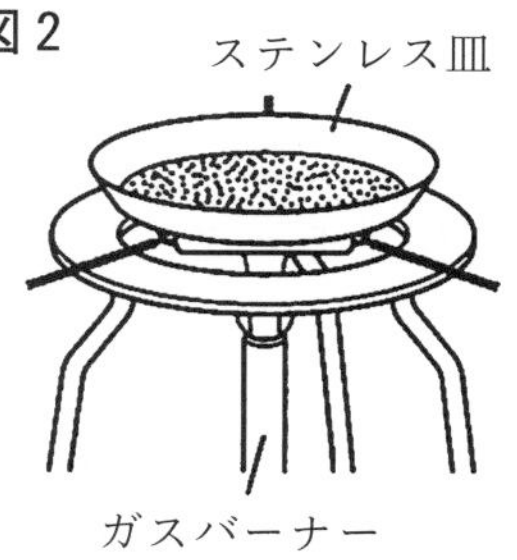

表２

班	A	B	C	D	E
銅の粉末の質量〔g〕	1.40	0.80	0.40	1.20	1.00
加熱後の物質の質量〔g〕	1.75	1.00	0.50	1.35	1.25

(5)　下線部④で，このような操作をするのはなぜか，書きなさい。

(6)　**表２**において，銅の粉末が十分に酸化されなかったのはどの班か，Ａ～Ｅから１つ選び，記号を書きなさい。

(7)　**表２**の結果をもとに，銅の粉末の質量と反応後の酸化銅の質量の関係を示すグラフをかきなさい。ただし，(6)の銅の粉末が十分に酸化されなかった班の結果は用いないこと。

(8)　Ｆ班は銅の粉末の質量を1.80ｇにして実験を行った。銅の粉末が十分に酸化されたとすると，加熱後の物質の質量は何ｇになるか，求めなさい。

4　以下の会話文は，モーターに興味をもった英太さんと先生の会話である。あとの問いに答えなさい。

英太：モーターはどのように動いているのか，その中のようすや回転するしくみについて詳しく知りたいです。

先生：モーターは，その中に磁石とコイルが入っています。そして，電流と磁石のはたらきを利用して，そのコイルを動かすことができます。電圧計，抵抗器**X**，抵抗器**X**の2倍の抵抗の大きさの抵抗器**Y**，直流電源装置を準備し，回路をつくって，コイルが動くようすを実験により確かめてみましょう。そうすることで，モーターが回転するようすやしくみを理解することにつながります。実験をする際，電源装置の扱いに十分注意して，コイルの動きを調べましょう。

英太：①電源装置の電源を入れたままにしておくと危ないので，こまめに電源を切り，観察をするときだけ電流を流すようにします。

先生：さすが英太さん，その通りです。

〈実験〉

抵抗器**X**，**Y**のそれぞれについて，**図1**のように回路をつくり，直流電源装置により電圧を変化させて，コイルに電流を流し，コイルの動きを調べ，その結果を**表**にまとめた。

図1

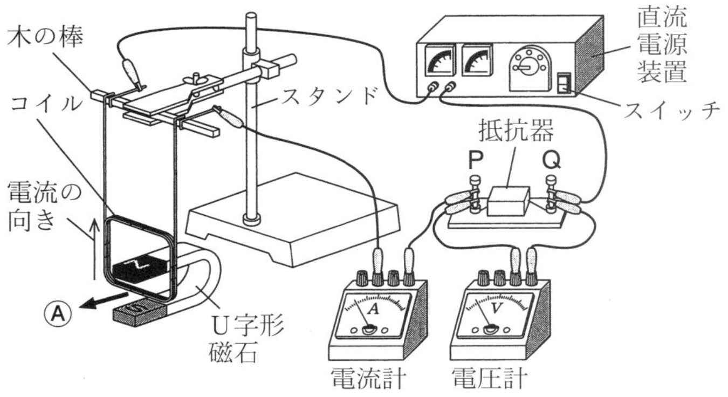

表

コイルの動いた向き	図1のⒶの方向へ動いた。
コイルの動き方	電圧が大きいほど大きく動いた。
	電圧が同じとき，抵抗器**X**のほうが，抵抗器**Y**よりも大きく動いた。

(1)　下線部①で，英太さんが危ないと言っている理由を書きなさい。

(2)　**〈実験〉**で，回路を流れる電流の大きさは，電圧の大きさに比例する。この関係を何というか，書きなさい。

(3)　抵抗器**X**だけをつないだとき，電流計が500mA，電圧計が3Vを示していた。抵抗器**X**の抵抗は何Ωか，求めなさい。ただし，コイルの抵抗は考えないものとする。

(4)　抵抗器**X**，**Y**を用いて，**図1**のPQ間が右のA～Dのつなぎ方になる回路を作った。それぞれの回路に電流を流すとき，コイルの動きが大きい方から順に並べたものとして適するものを次の**ア**～**エ**から1つ選び，記号を書きなさい。

A

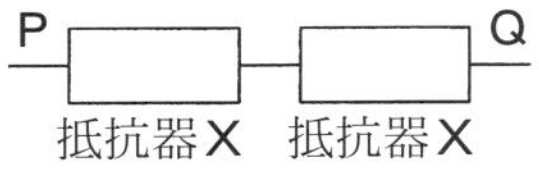

B

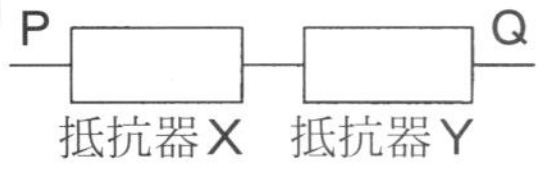

C

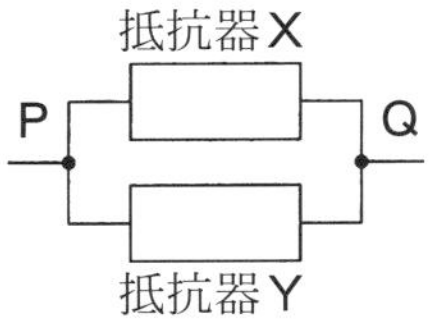

D

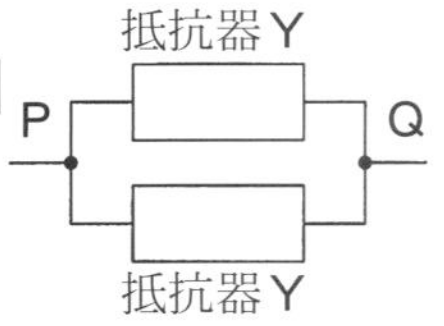

ア　A→B→C→D　　**イ**　D→C→B→A

ウ　D→B→C→A　　**エ**　C→D→A→B

以下の会話文は，〈実験〉が終わったあとの英太さんと先生の会話である。

英太：実際にモーターの内部はどのようになっているのですか。

先生：図を使って説明しましょう。モーターを分解すると，内部は**図２**のようになっています。これを模式的に示すと**図３**のようになります。このコイルに流れる電流と磁石のはたらきについて考えてみましょう。**図４**のように電流を流したとします。この場合，磁界の向きとコイルが受ける力の向きはどうなると思いますか。

英太：②〈実験〉の結果を参考に**図４**にかき加えてみます。コイルが力を受けて回転することが理解できました。

先生：正しく理解できていますね。では次に，コイルの回転を速くするにはどうしますか。

英太：［　③　］，コイルが速く回転すると思います。

先生：よくわかりましたね。最後に，整流子はどのようなはたらきをしているでしょうか。

英太：整流子には，**図５**のように電気を流さない部分がありますよね。

先生：そうですね。コイルが**図４**の状態では，a → b → c → d の向きに電流が流れていますが，90°回転し**図５**の状態になると，コイルに電流が流れず力を受けなくなります。しかし，コイルは勢いで回転し，**図６**のようになります。このとき，電流の流れはどうなっていると思いますか。

英太：電流の流れる向きを考えると，整流子のはたらきも理解できますね。整流子は，コイルが180°回転するごとに，［　④　］はたらきをしているのだと思います。**図４**と**図６**を見比べて考えるとわかりやすいです。

先生：そのとおりです。英太さんはコイルが同じ向きに回転し続ける仕組みがわかっていますね。

図２

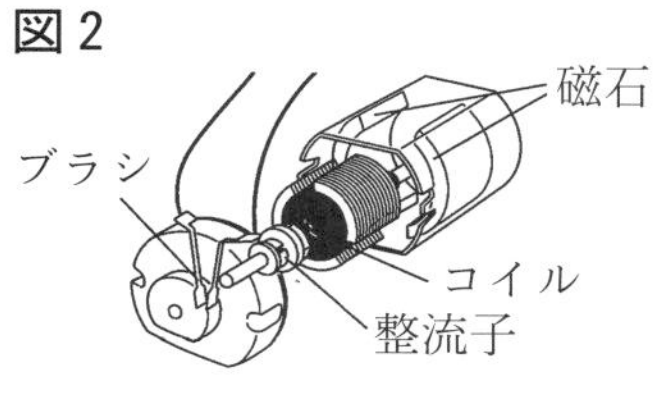

図３

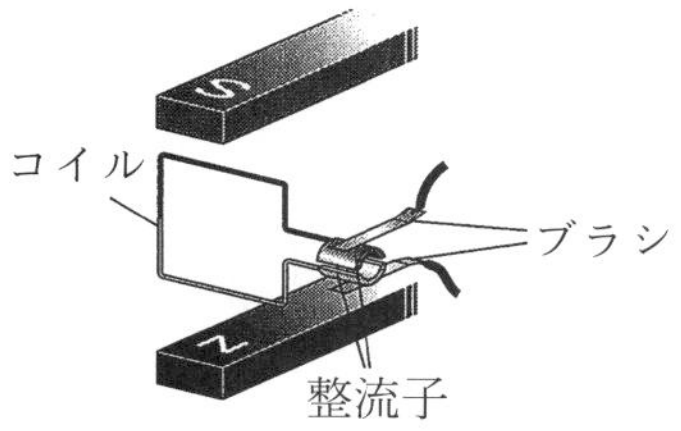

図４

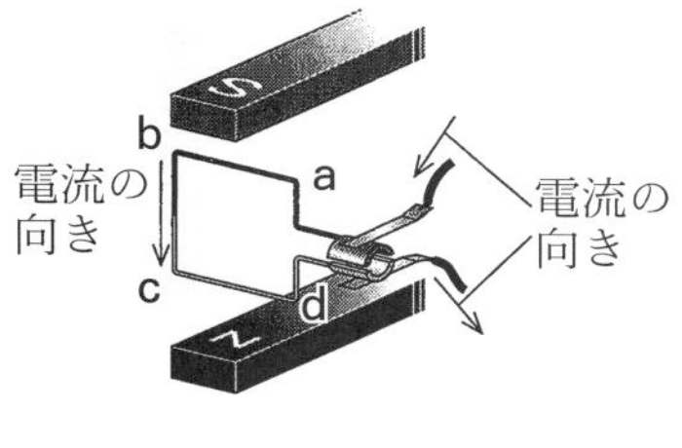

図５

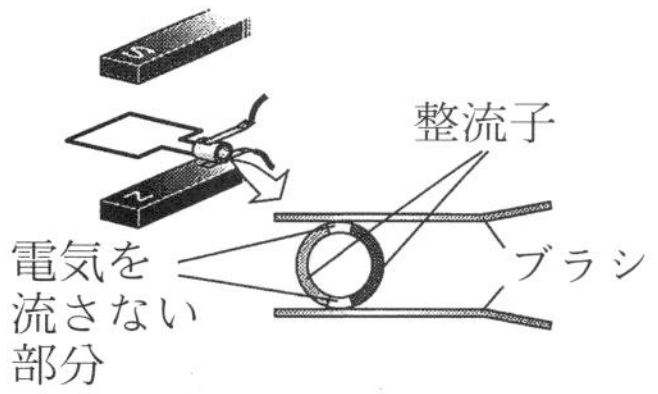

図６

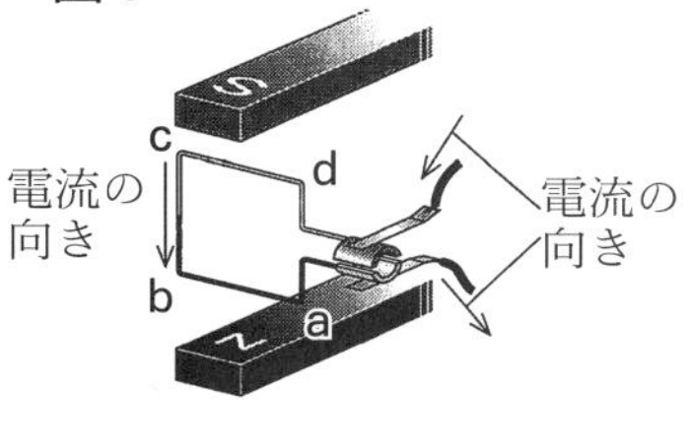

(5)　コイルに流れる電流について，電流がつくる磁界を模式的に示した図として適するものを右の**ア**～**エ**から１つ選び，記号を書きなさい。

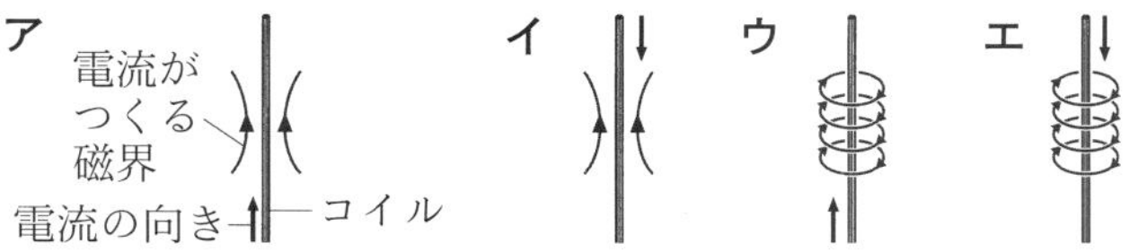

(6)　下線部②で，英太さんがかき加えた磁界の向きとコイルが受ける力の向きを示した図として適するものを右の**ア**～**エ**から１つ選び，記号を書きなさい。

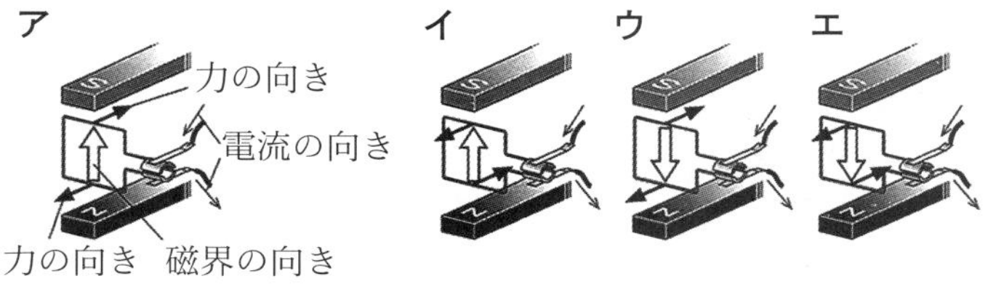

(7)　［　③　］に入る英太さんの説明を書きなさい。

(8)　［　④　］に入る英太さんの説明を，「コイル」と「電流」という言葉を使って書きなさい。

次のページにも問題があります

5　教子さんはある日の12時に気象観測を行い，レポートにまとめた。あとの問いに答えなさい。

〈レポート〉

　空全体の雲のようすをスケッチしたところ，**図1**のように空全体の約半分が雲におおわれていた。なお，このとき雨は降っていなかった。また，風向計は北西の方角を指し，風力は3であった。乾球温度計と湿球温度計は**図2**のような示度を示し，**表1**，**表2**の資料を用いて，湿度や空気1 m³中に含まれる水蒸気量を求めることができる。

図1

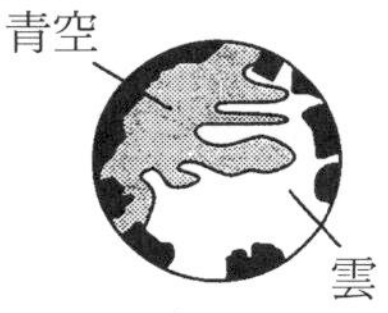

図2

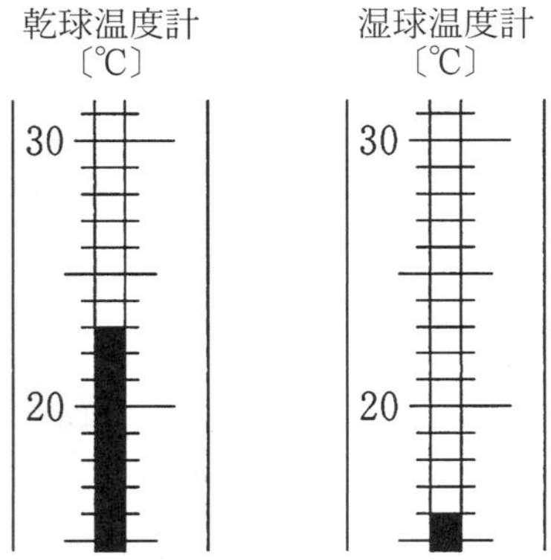

表1

		乾球と湿球の示度の差〔℃〕					
		5.5	6.0	6.5	7.0	7.5	8.0
乾球の示度〔℃〕	23	55	52	48	45	41	38
	22	54	50	47	43	39	36
	21	53	49	45	41	38	34
	20	52	48	44	40	36	32
	19	50	46	42	38	34	30
	18	49	44	40	36	32	28
	17	47	43	38	34	30	26
	16	45	41	36	32	28	23

表2

気温〔℃〕	16	17	18	19	20	21	22	23
飽和水蒸気量〔g/m³〕	13.6	14.5	15.4	16.3	17.3	18.3	19.4	20.6

(1)　12時の天気を表す天気図記号をかきなさい。

(2)　**図2**で，湿球温度計の示度が乾球温度計の示度よりも低いのはなぜか，書きなさい。

(3)　12時の湿度は何%か，求めなさい。

(4)　12時の空気1 m³中に含まれている水蒸気量は何gか，求めなさい。

気象観測を行った12時以降に，観測地点付近に低気圧が近づき，空全体が雲でおおわれた。低気圧の中心部では，空気は地上から上空に向かって移動するため，雲が発生することが多い。

(5)　空気のかたまりが上昇すると，気温が下がるのはなぜか，「気圧」という言葉を使って書きなさい。

(6)　空気のかたまりが上昇し，水蒸気が水滴に変化し始めるときの温度を何というか，書きなさい。

(7)　日本付近の低気圧の中心付近における地表での風の向きとして適するものを次の**ア**～**エ**から1つ選び，記号を書きなさい。ただし，地形の影響は考えないものとする。

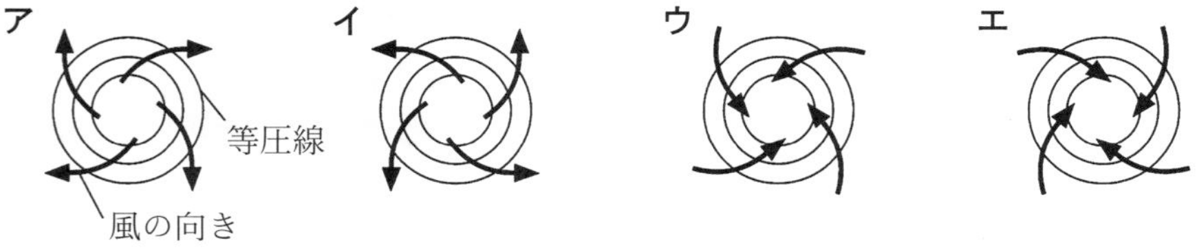

答 D(　　,　　)

12 右の図は，ある立体の投影図で，立面図は8cmの辺が2本ある二等辺三角形，平面図は1辺が4cmの正方形である。この立体の表面積を求めなさい。(3点)

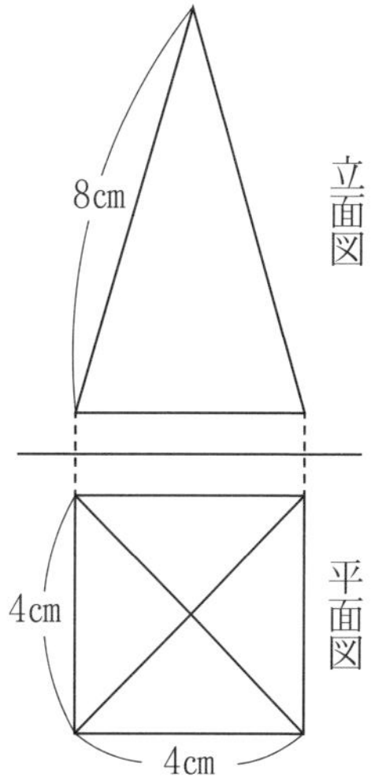

求め方

答 　　cm²

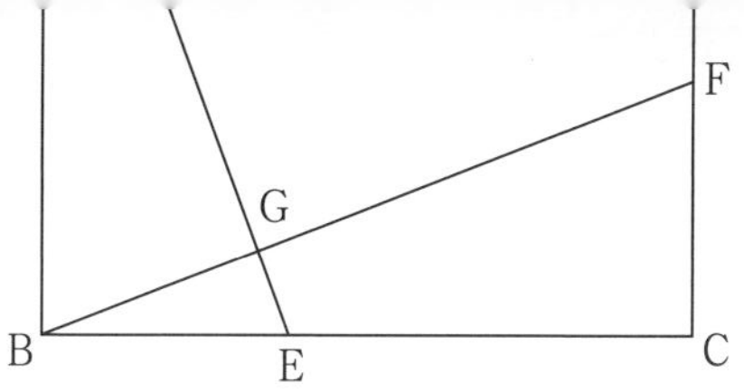

〈証明〉

2点，1点の3種類あり，右図のアのラインの外側からシュートしてゴールに入ると3点，アのライン上または内側からシュートしてゴールに入ると2点，相手が反則したことにより，イのラインからフリースローをしてゴールに入ると1点が入る。教英中学校のバスケットボール部が試合を行い，69対63で勝利した。3点が入った回数は，教英中学校が8回，相手チームがそれより1回多く，2点が入った回数は，相手チームが教英中学校の$\frac{5}{6}$倍，1点が入った回数は，相手チームが教英中学校の$\frac{2}{3}$倍であった。

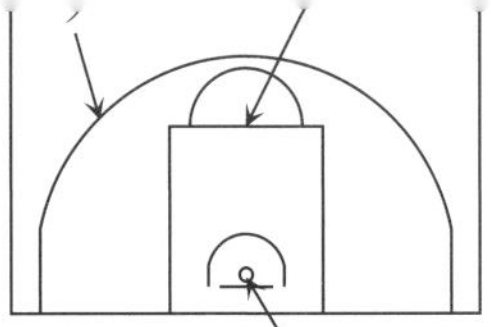

教英中学校の2点が入った回数をx回，1点が入った回数をy回として連立方程式をつくり，教英中学校の2点，1点が入った回数をそれぞれ求めなさい。（4点）

連立方程式 $\begin{cases} \\ \end{cases}$

解き方

答 2点　　回 ／ 1点　　回

答 秒速　　m

(2) 英子さんは折り返す前に，教子さんとすれ違った。2人がすれ違ったのは，教子さんがスタートしてから何秒後か求めなさい。（3点）

求め方

答 　　秒後

注意：裏面にも問題があります

計 算

答

3 次の方程式を解きなさい。(2点)

$0.8x+4=0.5x-2$

解き方

答 $x=$

4 $x=\dfrac{3}{4}$のとき，次の式の値《あたい》を求めなさい。(2点)

$(x-1)(x+9)-(x-2)^2$

求め方

答

(2) 上の表や図から読み取れるものとして正しいものを，次の**ア**～**エ**からすべて選び，記号を書きなさい。

ア A市とC市は範囲は同じだが，四分位範囲はA市の方が大きい。

イ A市は中央値が最も大きいから，平均値も最も大きい。

ウ 2014年から2021年の8年間のうち，A市，B市，C市とも6月に10日以上雨が降った年が4以上ある。

エ B市は9日だけ雨が降った年がある。

答

7 袋の中に，赤玉が2個，白玉が2個，青玉が1個入っている。この袋の中から同時に玉を2個取り出す。このとき，少なくとも1個は赤玉が取り出される確率を求めなさい。ただし，どの玉を取り出すことも同様に確からしいものとする。(3点)

求め方

答

(3) **資料4**は，国内の主な発電方式別発電電力量の上位5道県を示したものである。また，**資料4**の**O**～**R**は，それぞれ水力発電・火力発電・地熱発電・太陽光発電のいずれかの発電方式である。水力発電と火力発電の組み合わせとして最も適切なものを，次の**ア**～**エ**から1つ選び，記号を書きなさい。

資料4

順位	O	P	Q	R
1	富山県	福島県	C県	大分県
2	岐阜県	B県	D県	秋田県
3	長野県	岡山県	愛知県	鹿児島県
4	新潟県	北海道	福島県	岩手県
5	福島県	三重県	兵庫県	北海道

ア　水力発電－O　火力発電－Q　　**イ**　水力発電－O　火力発電－R
ウ　水力発電－P　火力発電－Q　　**エ**　水力発電－P　火力発電－R

(4) **資料5**は，ある路線の東京都内における主な駅周辺の住宅地1㎡あたりの土地価格を示したものである。また，**地図2**は，東京駅と**資料5**の5つの駅の位置を表したものである。**資料5**と**地図2**から読み取れる東京都内の土地価格の傾向を「東京都内の土地の価格は，」の書き出しに続けて，「東京駅」という語句を使って書きなさい。

資料5　ある路線の東京都内における主な駅周辺の住宅地1㎡あたりの土地価格　(2020年)

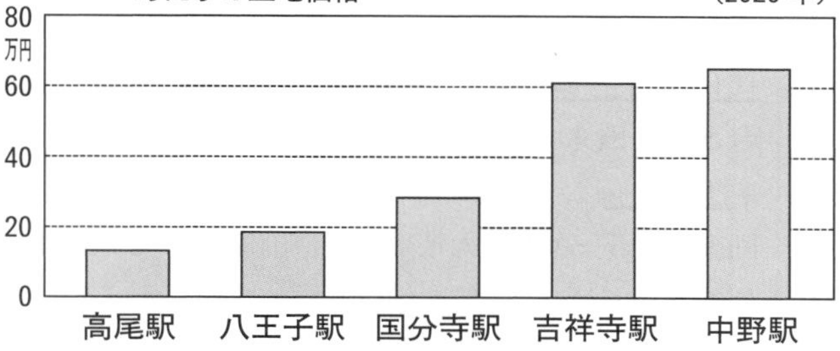

地図2

(5) 次の文は，**地図1**中の都市**s**について述べたものである。(　**あ**　)と(　**い**　)にあてはまる語句の組み合わせとして最も適切なものを，あとの**ア**～**エ**から1つ選び，記号を書きなさい。

> 関東地方に5つある(　**あ**　)の中で最も人口が多い都市**s**は，江戸時代の終わりに港が開かれて以来，国際色豊かな都市として発展してきた。近年は，再開発によって臨海部の(　**い**　)に商業施設や国際会議場などがつくられ，多くの人が訪れている。

ア　**あ**　政令指定都市　**い**　幕張新都心　　**イ**　**あ**　政令指定都市　**い**　みなとみらい21
ウ　**あ**　県庁所在地　**い**　幕張新都心　　**エ**　**あ**　県庁所在地　**い**　みなとみらい21

(6) **地図1**中の成田国際空港について，問いに答えなさい。

① **資料6**は，成田国際空港における輸出額，輸入額上位5品目を示している。(　**う**　)にあてはまるものを，次の**ア**～**エ**から1つ選び，記号を書きなさい。

ア　IC（集積回路）　**イ**　液化ガス
ウ　衣類　**エ**　肉類

資料6　成田国際空港における輸出額・輸入額上位5品目（2020年）

順位	輸出品	輸出額（百億円）
1	半導体等製造装置	84.9
2	金（非貨幣用）	76.9
3	科学光学機器	55.6
4	電気計測機器	39.1
5	（　う　）	38.5

順位	輸入品	輸入額（百億円）
1	通信機	179.9
2	医薬品	172.6
3	コンピュータ	126.0
4	（　う　）	102.0
5	科学光学機器	80.7

② 教子さんは，スペインで行われるサッカーの試合を見に行くことになった。サッカーの試合は，スペインの時間で12月1日午後7時に始まる。スペインのマドリードの空港からスタジアムまで2時間かかり，成田国際空港からマドリードまでの飛行時間は14時間であるとき，成田国際空港を日本時間の何月何日の午前または午後何時までに出発する飛行機に乗れば，試合を最初から見ることができるか。ただし，スペインの標準時子午線は東経15度の経線とし，乗り換え時や入場時にかかる時間は考えないものとする。

3　英太さんは，興味をもった貨幣を時代区分ごとに取り上げ，社会や文化の移り変わりについてまとめた。

カードA　古代　律令国家が発行した和同開珎

和同開珎は，中国の唐にならって，a律令国家が発行した貨幣である。都としてつくられたb平城京には市が設けられ，地方の特産物などが売買された。奈良時代には，唐の制度や文化を取り入れようと，日本はたびたび中国にc遣唐使を送り，仏教と唐の文化の影響を強く受けたd国際色豊かな文化が栄えた。

カードB　中世　明から輸入された明銭（永楽通宝）

明銭は，南北朝を統一した足利義満が始めた日明貿易（勘合貿易）で大量に輸入された貨幣である。明銭は，定期市での取引に使用されることが多くなり，e日本の商業の発展に影響を与えた。f応仁の乱の後に各地に登場した戦国大名は，鉱山の開発を進め，やがて金貨や銀貨をつくるようになった。

カードC　近世　江戸時代に流通した寛永通宝

寛永通宝は，江戸幕府が各地に設けた銭座で大量につくらせた貨幣である。江戸，g大阪，京都などの都市では，問屋や仲買などの大商人が，h株仲間をつくり，［　　　　　　］て利益を上げていった。19世紀中ごろにi開国し，j外国との自由な貿易が始まると，日本の経済や産業は，海外から大きな影響を受けた。

カードD　近代　明治政府が発行した20円金貨

20円金貨は，1871年から政府が発行した貨幣である。政府は，k近代化を目指す政策を進め，その土台となる欧米の文化を取り入れた。l日露戦争後，日本は関税自主権を回復し，第一次世界大戦にも連合国側で参戦するなど，列強としてのm国際的な地位を固めていった。

(1)　**カードA**について，問いに答えなさい。

①　下線部**a**について，律令の律と令の意味をそれぞれ書きなさい。

②　下線部**b**に都が置かれていた期間の出来事として最も適切なものを，次の**ア**～**エ**から1つ選び，記号を書きなさい。

ア　聖徳太子が，仏教や儒教の考え方を取り入れた十七条の憲法を制定し，役人の心構えを示した。

イ　聖武天皇と光明皇后が，仏教の力に頼って国家を守ろうと，全国に国分寺・国分尼寺を建てた。

ウ　中大兄皇子が，中臣鎌足などとともに蘇我蝦夷・入鹿の親子を倒し，天皇中心の国づくりを始めた。

エ　藤原道長が，四人の娘を天皇のきさきにすることで権力をにぎった。

③　下線部**c**とともに唐に渡り，天台宗を伝え延暦寺を建てた僧の名前を書きなさい。また，延暦寺が建てられた山の位置として正しいものを，**地図**中の**ア**～**エ**から1つ選び，記号を書きなさい。

④　下線部**d**の文化の名称を書きなさい。

地図

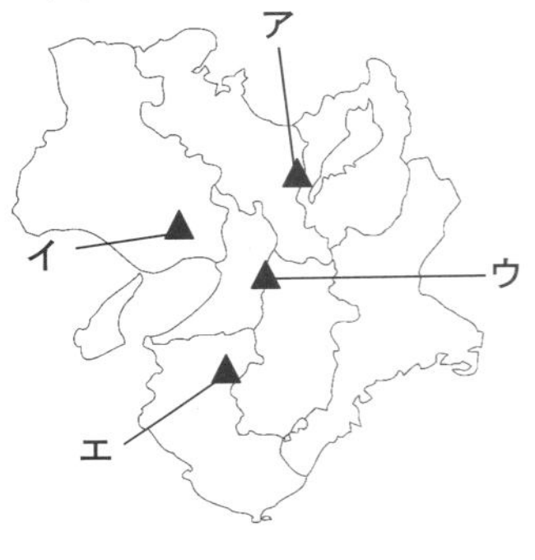

(2) **カードB**について，問いに答えなさい。

① 英太さんは，下線部**e**について次のようにまとめた。**英太さんのまとめ1**の（　**あ**　），（　**い**　）にあてはまる語句の組み合わせとして正しいものを，あとの**ア**～**エ**から1つ選び，記号を書きなさい。

英太さんのまとめ1

土倉や酒屋，商人や手工業者などは，同業者ごとに（　**あ**　）と呼ばれる団体をつくり，武士や貴族，寺社に税を納めて保護を受け，営業を独占する権利を与えられた。また，商業の発展に伴い都市が発達し，九州の（　**い**　）は，日明貿易や日朝貿易で栄え，自治が行われた。

ア　**あ**－座　**い**－堺　　**イ**　**あ**－惣　**い**－堺　　**ウ**　**あ**－座　**い**－博多　　**エ**　**あ**－惣　**い**－博多

② 下線部**f**が起きた年代よりあとの出来事を，次の**ア**～**エ**から3つ選んで年代の古い順に並べ替え，記号を書きなさい。

ア　ルターがドイツでローマ教皇による贖宥状《しょくゆうじょう》販売を批判し，宗教改革を始めた。

イ　ローマ教皇が，聖地エルサレムをイスラム勢力から奪回するよう呼びかけ，第一回十字軍が派遣された。

ウ　朝鮮から陶磁器づくりの技術が伝えられ，有田（佐賀県）などで優れた磁器がつくられはじめた。

エ　ザビエルが，鹿児島に来航し，平戸・山口などで布教を始めた。

③ 下線部**f**をきっかけとして全国に広まった下剋上の風潮とはどのようなものか，書きなさい。

(3) **カードC**について，問いに答えなさい。

① 下線部**g**について，次の文で説明された文化の名称を書きなさい。

大阪や京都を中心とする上方では，都市の繁栄を背景に，経済力をもった町人を担い手とする文化が栄えた。井原西鶴は武士や町人の生活をもとに浮世草子をかき，近松門左衛門は，心中など現実に起きた事件をもとに人形浄瑠璃の台本をかき，庶民の共感を呼んだ。

② 大商人は，下線部**h**を組織することでどのようにして利益を上げたか。**カードC**の［　　　　　］にあてはまる内容を，「幕府や藩」と「特権」という語句を使って書きなさい。

③ 下線部**i**について，**資料1**は朝廷の許可を得ずにアメリカと条約を結んだ大老が，江戸城の桜田門外で水戸藩の元藩士らに暗殺された事件を表したものである。朝廷の許可を得ずにアメリカと結んだ条約名と，条約を結んだ大老の名前をそれぞれ書きなさい。

資料1

④ 下線部**j**について，**資料2**は開国後の貿易相手国と貿易額の割合を示したものである。**X**にあてはまる国名を書きなさい。また，1860年から1865年にかけて，アメリカの貿易額の割合が大幅に減少している理由を，**資料3**を参考にして書きなさい。

資料2　**開国後の貿易相手国と貿易額の割合**

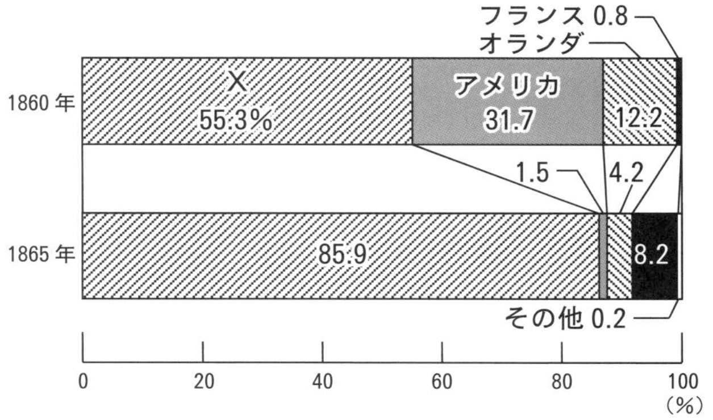

資料3　**ゲティスバーグで演説するリンカン大統領**

(4) **カードD**について，問いに答えなさい。

① 英太さんは，下線部**k**について次のようにまとめた。あとの問いに答えなさい。

英太さんのまとめ2

政府は，1872年に（　**あ**　）を公布し，満6歳以上の子どもに教育を受けさせることを義務とし，全国各地に小学校を設立した。また，政府は，1873年から<u>地租改正</u>を実施した。これまで収穫高を基準にして税をかけ，主に農民が米で税を納めていたが，この改革により，**資料4**のような地券を発行し，（　**い**　）こととした。

資料4　地券

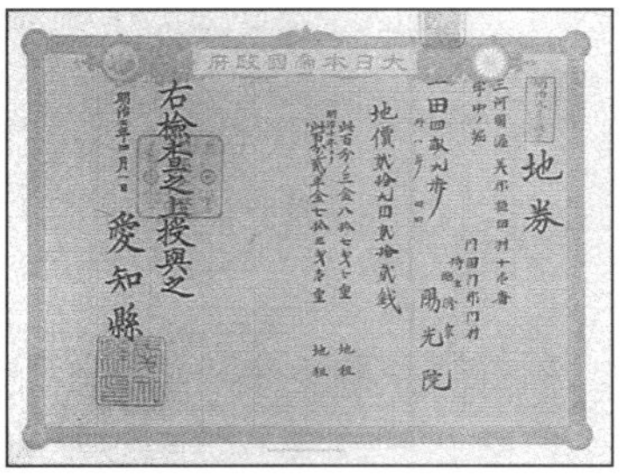

i　**英太さんのまとめ2**の（　**あ**　）にあてはまる語句を書きなさい。

ii　**英太さんのまとめ2**の（　**い**　）に，地租改正によって税のかけ方と納め方がどのように変わったかをあてはめたい。（　**い**　）にあてはまる内容を「基準にして」と「土地の所有者」という2つの語句を使って書きなさい。

iii　**英太さんのまとめ2**の地租改正の目的を，**資料5**，**資料6**を参考にして書きなさい。

資料5　幕領の年貢収納高

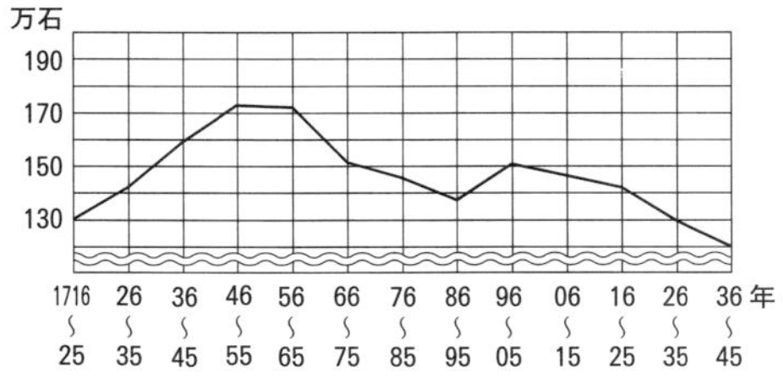

資料6　明治政府の地租収入

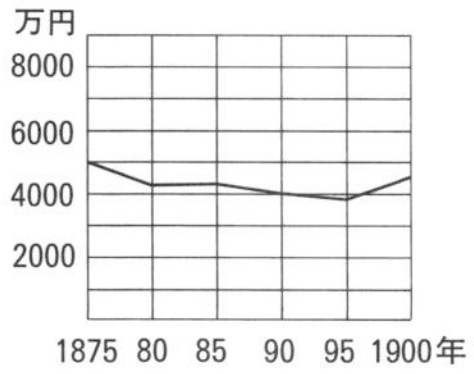

② 下線部**l**について，**年表**中の**X**の期間に起きた次の**ア**～**ウ**の出来事を，年代の古い順に並べ替え，記号を書きなさい。

ア　日本が列強の一員として義和団を制圧した。

イ　日本とイギリスが日英同盟を結んだ。

ウ　日本がリャオトン半島を清に返還した。

年表

	出来事
19世紀	日清戦争が始まる 下関条約を結ぶ ↕ X
20世紀	日露戦争が始まる ポーツマス条約を結ぶ （　Y　）が起こる 日本が韓国を併合する

③ **年表**中の（　**Y**　）にあてはまる出来事を，次の**ア**～**エ**から1つ選び，記号を書きなさい。

ア　柳条湖事件　　**イ**　米騒動

ウ　五・一五事件　　**エ**　日比谷焼き打ち事件

④ 下線部**m**について，問いに答えなさい。

i　**資料7**は，日本，アメリカ，イギリス，ドイツの国際連盟への加盟状況を示したものである。ドイツにあたるものを，**資料7**の**ア**～**エ**から1つ選び，記号を書きなさい。

資料7　日本，アメリカ，イギリス，ドイツの国際連盟加盟状況

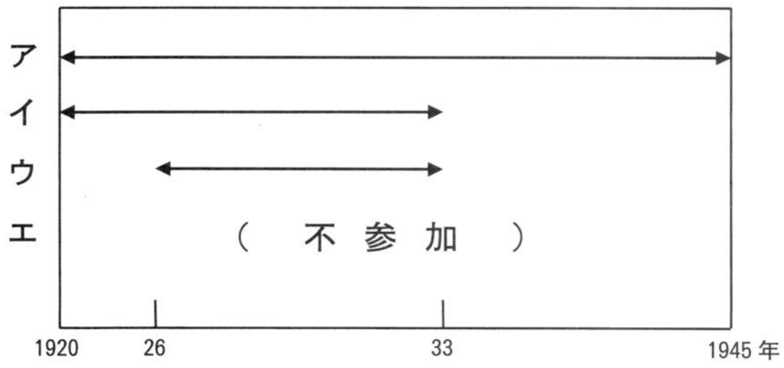

ii　国際連盟に代わって，第二次世界大戦後に国際連合が設立された。日本はある国との外交が進展したことで国際連合への加盟が実現したが，その出来事を次の**ア**～**エ**から1つ選び，記号を書きなさい。

ア　アメリカと日米安全保障条約を結んだ。

イ　中国との国交が正常化した。

ウ　ソ連との国交が回復した。

エ　韓国との国交が正常化した。

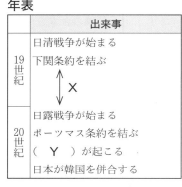

三　次の文章を読んで、あとの問いに答えなさい。

雨宮《あめみや》は、プロ野球が行われる球場の整備を請《う》け負う会社に就職した。次の文章は、雨宮が、会社の先輩で強豪校の元球児である長谷《はせ》から言われた言葉が頭から離れないまま、試合前のグラウンドの整備を始めた場面である。

「プレーヤーの気持ちは、プレーヤーにしかわからへん」

重い言葉だった。ハンドルを操作する手に力がこもる。グラウンドキーパーは、ほぼ全員が野球経験者だ。だからこそ、選手の視点に立った整備ができる。マウンドや内野グラウンドの硬さは、野球のプレーのしやすさに直結する重大な要素だ。選手の気持ちがわかれば、グラウンドキーパーにとってそれがいちばんの武器になる。しかし、俺はキャッチボールすらまともにできない。満足にスポーツのできない、運動神経ゼロ人間が、整備のプロになることなど到底かなわないのかもしれない。

エンジン音にまぎれさせるように、大きなため息をついた。目の前に、①まるでヒッチハイクのように、日に焼けた黒い腕が差し出されたのは、そのときだった。

②「とめろ！」*1島さんが、怒鳴り声をあげていた。

何が起こったのかわからないまま、あわててブレーキを踏んだ。

「エンジンを切って、降りろ」

「でも……」

「はよ、降りてくれ」

「ちゃんと、できます！」

「集中できてへんのは、あきらかや」

〈中略〉

うちひしがれ、*2ローラーから降りた。「ベンチの前で見てろ」と言われ、すごすごと引っこむ。かわりにローラーに乗った島さんは、器用に車両をバックさせながら、俺が踏み残した箇所を的確に均《なら》していく。

失敗したなら、また一からやり直せばいいという、簡単な話ではない。ローラーが何度そこを通ったかで、グラウンドの硬さは刻々とかわってしまう。結果、*3ゴロの跳《は》ね方も、スピードも大きくかわる。

新人であり、なおかつ野球の*4ノックすらまともに受けたことのない俺は、③その変化すら感知することができないのだ。ベンチ前で、出来の悪い生徒のように一人立たされた俺に、ローラーを終えた島さんがゆっくりと近づいてきた。

そこまで身長は高くないのに、その立ち居振る舞いには威厳が感じられる。胸板が厚いからかもしれない。プロ野球選手とはまた違う筋肉のつきかただ。

「雨宮、お前をここに立たせたのは、④考えてもらうためや」

⑤眼光がものすごい。すぐ目の前に立たれると、一歩後ろに退《ひ》きたくなる。

「踏んでる箇所と、踏んでない箇所ができたら、どないなる？　もし、そこにボールが弾んだら？」

俺はその場にかろうじて踏ん張って答えた。

「*5イレギュラーを起こす可能性が高まります」

「もし、その上を選手が走ったら？」

「*6スパイクの刃のかかり具合が違って……、転倒するかもしれません」

「万が一、怪我《けが》する選手がおったら、どないなる？」

「……取り返しがつきません」

一問一答がつづいた。島さんは俺の回答をすべて聞き終えてから、何度かうなずいた。それを見て、俺もつめていた息を吐き出した。

「俺たちは会社員やから、よっぽどのことがないかぎりクビにはならへん。でも、プロの選手はちゃうよな？　一つの怪我が命とりや。それで選手生命絶たれたら、球団から簡単にクビ切られんねん。人生、かかってんねん」

ゴールデンウィークのこどもの日、俺にやさしく話しかけてくれた、ベテラン選手の顔が自然と思い浮かんだ。約二十年間、第一線でプレーをつづけるには、そうとうの苦労があったはずだ。その戦いの場を、俺たちは管理しているのだ。⑥生半可な覚悟じゃっとまらない。

「お前は、今、一人の社会人としてここに立っとる。その行動一つ一つに責任が生じる」

プレーヤーの気持ちは、プレーヤーにしかわからない。その言葉が、さらに重みを増して俺の肩にのしかかる。⑦やめるなら、今かもしれない……。

立ち去りかけた島さんに思いきって声をかけた。

「あの……！」島さんの答えによっては、早く退職届を出したほうが自分のた間のコミュニケーションツールというきわめて限定的なものではなく、現実には眼にもしていなければ経験もしていないような遠い場所での出来事や事物、あるいはその瞬間には存在していない過去や未来の出来事や事物までも自らの経験範囲の中に収めてしまうという、⑤まったく質的に異なったものなのである。

そしてそれは現実的な存在事物のみを語るだけではなく、抽象的な概念をも語るものとなった。つまり人間は言葉によって自らの経験世界を飛躍的に拡大させ、さらにそれらを記録・蓄積することによってあまりにも広大な精神世界を手に入れたのである。

（三好由紀彦『哲学のメガネ―哲学の眼で〈世界〉を見るための7つの授業』河出書房新社より）

＊1 卑近…身近でありふれていること。
＊2 クロゼット…衣類などを入れるための押し入れ。

問一 □ にあてはまる言葉として適切なものを次の**ア**〜**エ**から一つ選び、記号を書きなさい。

ア つまり　**イ** たとえば　**ウ** しかし　**エ** なぜなら

問二 ——a〜dのうち、活用の種類の異なるものを一つ選び、記号を書きなさい。

問三 「①言葉らしきもの」とは具体的に何か、文章中から三つ抜き出して書きなさい。

問四 「②コミュニケーション」とあるが、同じ意味の語句を文章中から四字で抜き出して書きなさい。

問五 「③単純なコミュニケーションの手段」の具体例を、文章中から五字で抜き出して書きなさい。

問六 「④目の前に『ないもの』をも指示できる」について答えなさい。

（1） そのために必要なのは、「もの」に何をすることか。文章中から七字で抜き出して書きなさい。

（2） そのようなことができたり、指示されたものにまつわることが想起できたりするのは、何のおかげだと筆者は述べているか、文章中から十二字で抜き出して書きなさい。

問七 「⑤まったく質的に異なったもの」とあるが、人間の持つ言葉は、どのような点でそういえるのか、「時間」と「空間」の二語を使って書きなさい。

問八 文章中の「コート」のたとえによって筆者が説明していることと同様の例として適切なものを次の**ア**〜**エ**から一つ選び、記号を書きなさい。

ア 優勝するという意気込みで臨んだ大会だったが、昨日のけがの影響から力を出し切れず、敗退して涙を流す。

イ ピアノが上手だった海外に住むいとこが、将来、有名なピアニストになって活躍する姿が思い浮かんでくる。

ウ 空を見上げると、朝の天気予報の通り、午後から雲行きが急に怪しくなってきたので、速やかに窓を閉める。

エ 大切にしていたノートがなくなっていることに気づき、慌《あわ》てて探したが、学校に置き忘れたことを思い出す。

一　次の――線の漢字には読み仮名をつけ、平仮名は漢字に直しなさい。

① 文章の体裁を整える。
② 絵の具で濃淡をつける。
③ 家業を継ぐ。
④ 遠くを眺める。
⑤ 台風のよはで海が荒れる。
⑥ ゲームにむちゅうになる。
⑦ プレゼントをもらってよろこぶ。
⑧ いさぎよい態度をとる。

二　次の文章を読んで、あとの問いに答えなさい。

われわれの知的探求を支えるものは何か。それは言葉である。言葉なくして、いかなる知的探求もあり得ない。そして言葉こそ、人間が他の生物に勝る最も重要な要素である。

たしかに人類と他の生物の違いとして、道具や火を使うことを挙げるものもいる。［　］道具に関していえば、猿《さる》やチンパンジーなども木の枝や石を道具として使うことがあり、また火も、それによって食物を加工したり暖をaとったりするものという意味では、道具の一つと考えるbことができるはずである。

しかし言葉はそれら道具や火とは大きく異なるcのだ。たしかに他の生物も①言葉らしきものは持っdている。すなわち鳴き声や身振りなどによって、個体間の②コミュニケーションをとる有様はよく観察されているし、イルカやクジラなどは水中での発生音によってかなり高度なコミュニケーション能力を持つことが認められている。そして人間の言葉もその初期段階においては叫びや合図といった、他の生物とあまり変わらぬ③単純なコミュニケーションの手段であった。しかし人類が手にした言葉は、そのような目前のコミュニケーション手段にとどまらず、さらに加速度的に発展を遂《と》げてまったく質的に異なるものとなったのである。

他の生物の言葉とはその大部分が目前で起きている事柄《ことがら》、経験、あるいは意思の伝達である。それは生物にとってその瞬間に起きている身体的経験にほぼ近いものにすぎない。それはいまこの瞬間の、あるいはこれから起こりうるであろうことの表現であり、意思疎通である。他の生物の持つ言葉とは、あまりにも卑近*1かつ現実的なものである。

しかし人間の持つ言葉がそれら生物の言葉と大きく異なるのは、その言葉が取り扱う時間的、空間的範囲《はんい》があまりにも広大であることだ。それが「精神」と呼ばれるものである。

人間は世界の物や現象、出来事などに名を付けることによって、それが実際に目の前になくとも、あたかも身近にあるかのように扱うことができるのである。

たとえば「コート」という言葉がある。私はこの言葉によって目の前にあるコートを指し示すことができる。しかし言葉の本当の価値は、目の前にあるものを指示することではなくて、④目の前に「ないもの」をも指示できるということにある。

もしこのコートが目の前になくてクロゼット*2の中にあったとしても、私はそのクロゼットの中にあるコートを思い浮かべることができるのだ。私はそのコートを見ることも触れることもできないのだが、しかし私は誰か人を呼んで、そのコートをクロゼットから出してもらうこともできるのである。

また私はそのコートを買ったときのいきさつ、何年前にどこの店で買ったのか、そのとき誰と一緒だったのかを思い出すこともできる。さらに私がいつか歳《とし》をとってこのコートを着なくなったとき、誰に譲《ゆず》り渡そうかと「いま」考えることもできるのである。

クロゼットの中にある見えないコート一つとっても、それを指示したり、またそのコートにまつわる過去や未来のことまで想起したりすることができるのも、すべて言葉によって生まれた精神のおかげなのである

このように人間が手にした言葉とは、目の前の出来事に対応するための個体

合格判定テスト
実力診断
――国　語――

その２

注　意

1．問題は６ページあります。どの問題から始めてもかまいません。

2．制限時間50分，50点満点のテストです。

3．答えは，**別紙の解答用紙**に，はっきりとていねいに書きなさい。
解答に字数制限がある場合は，句読点も１字として数えること。

教英出版

音声の聴き方

※実際の画面とは異なる場合があります。

STEP1

教英出版ウェブサイト（https://kyoei-syuppan.net/）にアクセスし,「ご購入者様のページ」を押してください。

＜ＰＣ＞

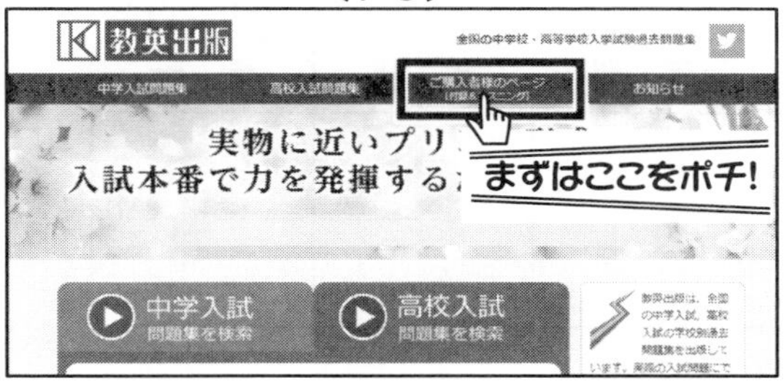

＜スマホ＞

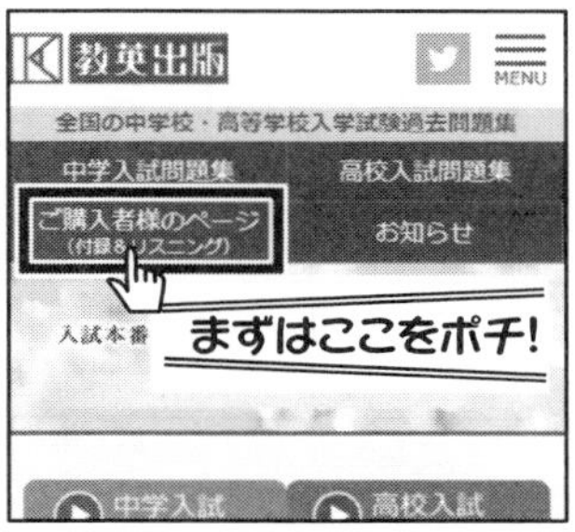

ＱＲコードを読み取ると
STEP2へ進みます。

STEP2

書籍ＩＤ番号を入力するページに移動します。下記の書籍ＩＤ番号を入力し，◎を押してください。

書籍ID番号　168001

※有効期限：2025 年９月末

STEP3

リスニング問題の音声を聴くことができるページに移動します。▶を押すと，音声が再生されます。
また，上部にあるボタンを押すと，音声以外のサービスもご利用いただけます。

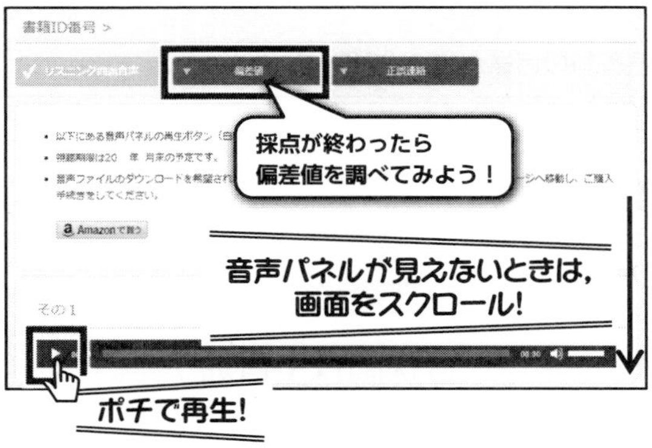

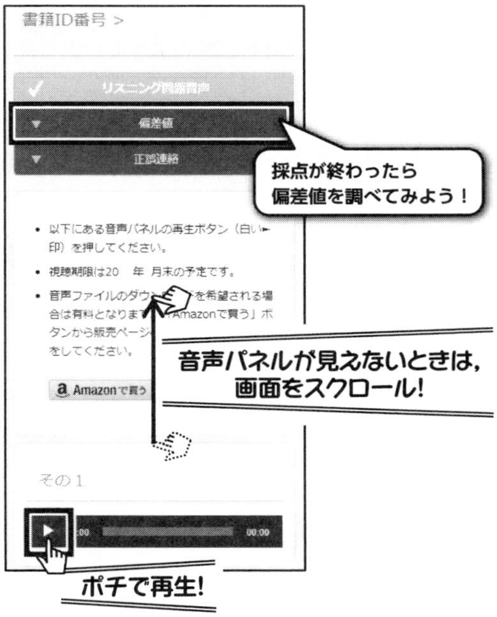

福井県公立高校　判定基準一覧表

☆ 250点満点

あなたの点数

	国　語	社　会	数　学	理　科	英　語	合　計
その1	点	点	点	点	点	点
その2	点	点	点	点	点	点

200点以上 220点未満…合格圏　220点以上…合格安全圏

高志高校　藤島高校　武生高校
若狭高校（文理探究）

＜220点以上をとれるようにしよう＞　各教科の目標点数は 220 ÷ 5 = 44点！

170点以上 200点未満…合格圏　200点以上…合格安全圏

羽水高校（普通）　金津高校　武生東高校
敦賀高校（文理進学）　福井商業高校

＜200点以上をとれるようにしよう＞　各教科の目標点数は 200 ÷ 5 = 40点！

140点以上 170点未満…合格圏　170点以上…合格安全圏

大野高校　勝山高校（普通）　鯖江高校
敦賀高校（普通）　美方高校（普通）　若狭高校（普通）

＜170点以上をとれるようにしよう＞　各教科の目標点数は 170 ÷ 5 = 34点！

【班で考えた発表原稿の案】

私たちは、国語に対する認識について調べてみました。まず、《基本調査》の結果からは、①の「敬語の使い方」と②の「若者言葉」に乱れを感じている人の割合がともに六割を超えていることが分かります。そのうち「敬語の使い方」については、［データ1］に気になる表現を挙げています。この中で私たちが注目したのは、「言い方」の中にある［　Ⅰ　］の表現のように、尊敬語と謙譲語《けんじょうご》の使い分けができていないことです。この二つの使い分けを、よく理解していきたいと思いました。

［データ2］からは、「十六～十九歳」と「二十代」の認識には共通点と相違点があるということが分かります。隣接する年齢層ではあるものの、調査対象の全年齢層の中で比較すると、相違点として［　Ⅱ　］ということが挙げられ、そのことがこのグラフから読み取れる大きな特徴《とくちょう》となっています。なぜこのような結果になったのか、大変興味があります。

そして、《基本調査》の⑧の「語句や慣用句・ことわざの使い方」にも注目しました。この項目《こうもく》については、乱れを感じている人の割合はそれほど高くありません。しかし、［データ3］を見ると、慣用句「浮足立つ」については、本来とは異なる意味で認識している人の方が多くなっていました。このことから、私たちは「語句や慣用句・ことわざの使い方」について次のように考えました。

［　　　　　　　　］

問一　**【班で考えた発表原稿の案】**の［　Ⅰ　］にあてはまる内容として最も適切なものを次の**ア**～**カ**から選び、記号を書きなさい。

ア　AとB　**イ**　AとE　**ウ**　BとD　**エ**　CとE

オ　CとD　**カ**　DとE

問二　**【班で考えた発表原稿の案】**の［　Ⅱ　］にあてはまる内容を、文脈に即して書きなさい。

問三　あなたなら、この英太さんたちの発表原稿を完成させるために、［　　　］にどのように書きますか。次の条件に従って書きなさい。

〈条件〉

①　一マス目から書き始め、段落を設けないこと。

②　**【資料】**を踏まえてあなたの考えを書くこと。

③　発表原稿として完成させるために、敬体で書くこと。

④　一〇〇字以上一四〇字以内で書くこと。

四　英太さんは、「国語に対する認識」をテーマとして調べ学習を行い、発表することになりました。複数の資料を参考にして、班の人たちと一緒に発表原稿の案を考えています。次の【資料】と【班で考えた発表原稿の案】を読んで、あとの問いに答えなさい。

【資料】

《基本調査》国語で乱れを感じているところ（複数回答可）

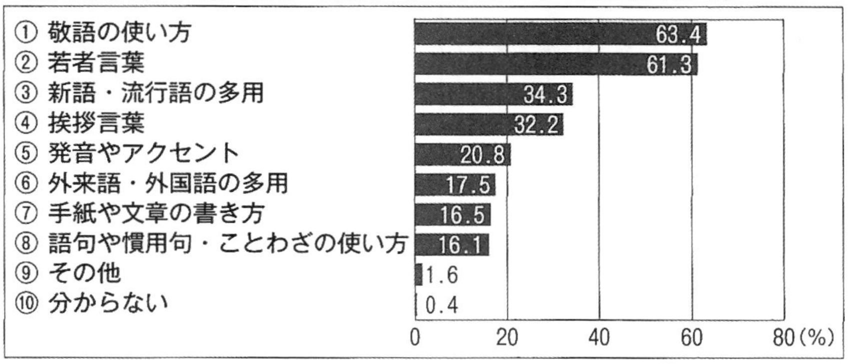

データ1　（①について）気になる表現　（数字は%）

	言い方 ※ 下線部が気になる表現	気になる	気にならない	その他
A	規則でそうなってございます。	81.5	15.8	2.7
B	こちらで待たれてください。	81.3	17.2	1.5
C	お歩きやすい靴を御用意ください。	78.0	20.0	2.0
D	お客様が参られています。	77.4	20.7	1.9
E	昼食はもう頂かれましたか。	67.5	29.8	2.7

データ2　（①、②について）乱れていると答えた人の割合（年齢層別）

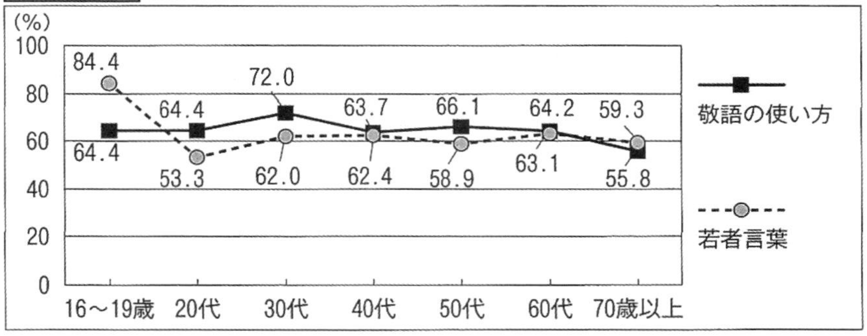

データ3　（⑧について）慣用句「浮足立つ」の意味とは

a　喜びや期待を感じ、落ち着かずそわそわしている。

b　恐れや不安を感じ、落ち着かずそわそわしている。

※ b が本来の意味

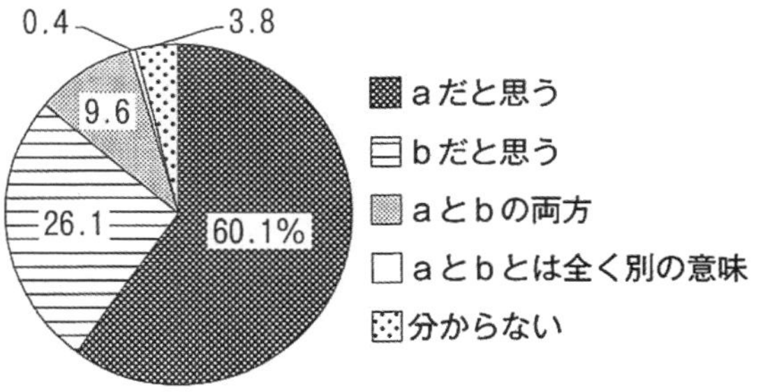

（文化庁　令和元年度「国語に関する世論調査」より作成）

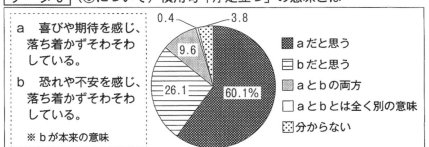

土俵祭の帰り、名古屋城の石垣《いしがき》をバックに赤や緑、橙《だいだい》と色とりどりの力士幟《のぼり》がはためいているのが見えた。その幟に囲まれるようにして、呼出が太鼓を叩くための櫓《やぐら》が組まれている。

去年、篤が初めて呼出として土俵に上がったのも、この名古屋場所だった。研修の期間があったとはいえ、当時は相撲のことは何もわかっていなかった。わかっていなかったけれど、青空に鮮やかな彩《いろど》りを添える幟や、空に向かってそびえる櫓は粋《いき》で気高く、美しかった。

そして今、一年が経《た》って同じ景色を見ている。

来年この景色を見るとき、俺はどうなっているのだろう。新しく入ってきた呼出に対して、ちゃんと「兄弟子」らしくいられるだろうか。朝霧部屋からは、関取が誕生しているだろうか。

一年後はまだわからないことだらけだ。

⑦それでも、もう不安に思わなかった。

（鈴村ふみ『櫓太鼓がきこえる』集英社より）

＊1 土俵築…土俵づくり。　＊2 進さん…ベテランの呼出で、篤の指導役。

＊3 土俵祭…場所中の安全を祈願する儀式。

＊4 触れ太鼓…本場所の前日に、翌日から相撲が始まることを知らせる太鼓。

問一 「①何度か手が止まってしまい、たびたび注意を受けていた」とあるが、篤がそのようになった理由を、文章中の言葉を使って書きなさい。

問二 「②異変」と同じ構成の熟語を次の**ア**～**オ**から一つ選び、記号を書きなさい。

ア 賛否　**イ** 日没　**ウ** 河川　**エ** 読書　**オ** 海底

問三 「③仕切り直す」の意味としてふさわしいものを次の**ア**～**エ**から一つ選び、記号を書きなさい。

ア 自分の非をわびる　**イ** 最初からやり直す

ウ 気分を切りかえる　**エ** 間違いを訂正する

問四 「④お前なら、これからもちゃんとやっていける」とあるが、直之さんは篤のどのようなところを認めてこのように断言したのか。文章中の言葉を使って書きなさい。

問五 「⑤直之さんは少しだけ笑ってみせた」とあるが、直之さんの気持ちを説明したものとして最も適切なものを次の**ア**～**エ**から選び、記号を書きなさい。

ア 感謝の言葉に照れくささを感じつつも、篤を励ますことができてうれしく思っている。

イ 自分の元から巣立つことに寂《さび》しさを感じつつも、篤が兄弟子になることを喜んでいる。

ウ 仕事の様子に多少の不安を感じつつも、篤に後輩ができることを誇《ほこ》らしく思っている。

エ 思わず本音を話したことに恥ずかしさを感じつつも、篤の素直な態度に感動している。

問六 「⑥その音」を具体的に説明している部分を、文章中から抜き出して書きなさい。

問七 この文章を、場面の違いによって前半と後半に分けた場合、後半が始まるのはどこからか。後半の場面の初めの五字を抜き出して書きなさい。

問八 一年前の篤の、呼出の仕事に対する前向きな気持ちが反映された情景描写を、文章中から四十字以内で探し、初めと終わりの三字を抜き出して書きなさい。

問九 「⑦それでも、もう不安に思わなかった」とあるが、その理由を書きなさい。

合格判定テスト
実力診断
――社　会――
その１

注　意

1．机上に定規を用意しなさい。

2．問題は７ページあります。どの問題から始めてもかまいません。

3．制限時間50分，50点満点のテストです。

4．答えは，**別紙の解答用紙**に，はっきりとていねいに書きなさい。

教英出版

1　教子さんのクラスでは，地理の授業で「身近なものの原料と海外とのつながり」について調べることになった。教子さんの班は机とイスについて発表するために資料を集めた。

資料1　机とイスの主な原料

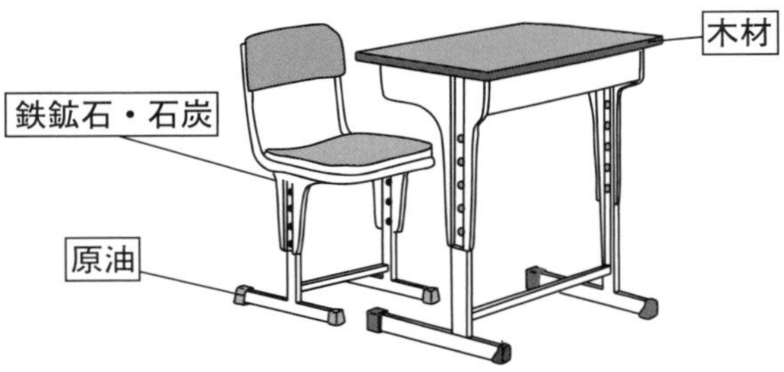

資料2　日本の鉄鉱石・石炭の輸入先上位4か国の輸入量とその割合

鉄鉱石			石炭		
国名	輸入量（万ｔ）	割合（%）	国名	輸入量（万ｔ）	割合（%）
オーストラリア	6851	57.3	オーストラリア	10929	58.7
ブラジル	3144	26.3	インドネシア	P	15.1
Q	741	6.2	ロシア	2011	10.8
南アフリカ共和国	347	2.9	アメリカ	1322	7.1
合計	11956	100	合計	18618	100

(1)　教子さんは，**資料1**の机とイスの主な原料のうち，まず，鉄鉱石と石炭について調べ，**資料2**を作成し，**資料2**をもとにして，**地図1**を作成した。

地図1

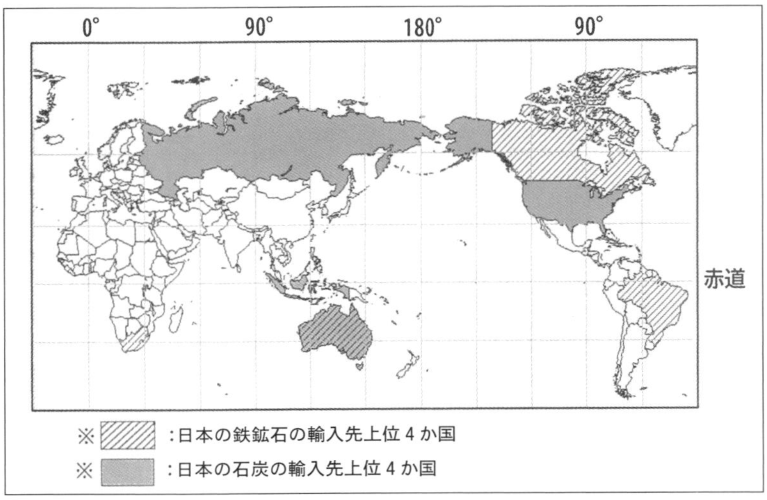

①　オーストラリアに住む先住民の名称を書きなさい。

②　**資料2**の**P**にあてはまる数を，小数第1位を四捨五入して，整数で求めなさい。

③　**資料2**の**Q**にあてはまる国を，**地図1**を参考にして書きなさい。

④　**資料2**，**地図1**から読み取れることとして正しいものを，次の**ア**～**エ**から1つ選び，記号を書きなさい。

ア　鉄鉱石の輸入先上位4か国は，いずれも大西洋に面している。

イ　石炭の輸入先上位4か国のうち，東経135度の経線が通るのはロシアだけである。

ウ　日本は，すべての大陸から鉄鉱石または石炭を輸入している。

エ　鉄鉱石・石炭のいずれも，輸入量に占める輸入先上位4か国の割合は90%を超えている。

資料3　オーストラリアの鉱山

⑤　**資料3**のように，鉱産物を地表から直接削り取りながら，うずを巻くようにして，地下に掘り進んで採掘する方法を何というか，書きなさい。

⑥　教子さんは，アメリカへ旅行する計画を立てた。**資料4**は，東京－ニューヨーク間を往復する航空便のフライト時間を示したものである。

資料4　東京－ニューヨーク間のフライト時間

東京→ニューヨーク	13時間
ニューヨーク→東京	14時間20分

i　行きと帰りの時間に1時間20分もの差が生じる理由を，風に着目して書きなさい。

ii　羽田空港（東京）を12月1日午後7時に出発した飛行機が，予定通りのフライト時間でジョン・F・ケネディ空港（ニューヨーク）に到着したときの現地時間を求めなさい。ただし，ニューヨークの標準時子午線を西経75度の経線とする。

(2) 次に教子さんは，原油について資料を作成した。

資料５ 日本の原油の輸入先

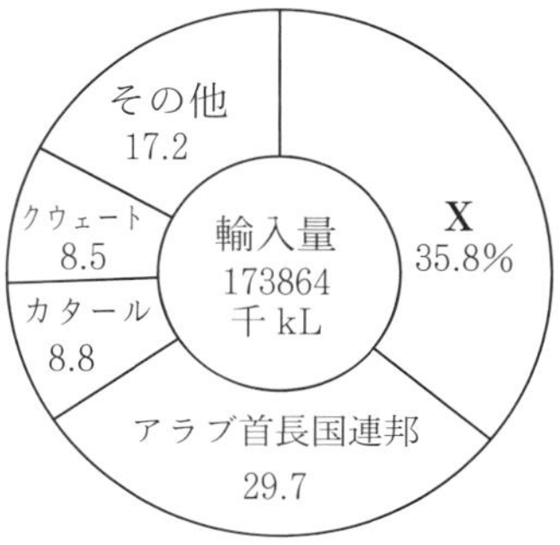

地図２

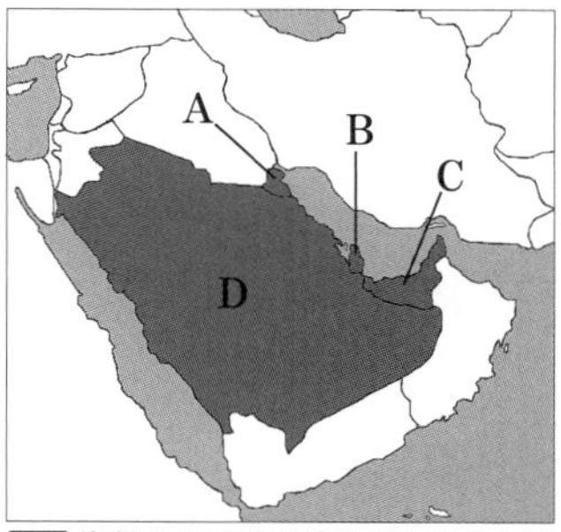

■ 資料５の原油の輸入先上位４か国

① **地図２**中の**A～D**は，**資料５**にある日本の原油の輸入先上位４か国の位置を表したものである。**資料５**の**X**にあてはまる国を，**地図２**中の**A～D**から１つ選び，記号を書きなさい。また，国名を書きなさい。

② 教子さんは，日本の原油の輸入先について，**資料５**をもとにしてまとめた。**教子さんのまとめ**の下線部**a**～下線部**c**のうち，誤っているものを１つ選び，記号を書きなさい。また，正しい語句を書きなさい。

教子さんのまとめ

日本の原油の輸入先上位４か国は，a西アジア地域に位置しています。これらの国々には，重要なエネルギー源である原油が大量に存在していて，世界の多くの国々がこの地域から生産される原油に頼っています。この地域で生産される原油の量は世界のおよそ３割，埋蔵量は世界のほぼ半分を占めます。bペルシャ湾沿岸の産油国は，原油を輸出することで経済を成長させてきました。1960年には，イラクなどの産油国がc APECを組織し，世界の原油価格への影響力を強めるようになりました。

(3) 教子さんは，木材について，**資料６**，**資料７**を見つけた。**資料７**の**ア～オ**には，５つの気候帯〔熱帯・乾燥帯・温帯・亜寒帯（冷帯）・寒帯〕のいずれかがあてはまる。**資料６**の４か国に広く分布する気候帯である亜寒帯（冷帯）にあてはまるものを，**資料７**の**ア～オ**から１つ選び，記号を書きなさい。

資料６ 日本の木材の輸入先上位４か国

国名	輸入額（億円）	割合（%）
カナダ	858	24.0
アメリカ	625	17.5
ロシア	508	14.2
フィンランド	288	8.1

資料７ ５つの気候帯が占める大陸別の面積の割合（%）

気候帯	ア	イ	ウ	エ	オ
陸地全域	26.3	21.3	19.9	17.1	15.4
ユーラシア	26.1	39.2	7.4	9.8	17.5
アフリカ	46.7	0	38.6	0	14.7
北アメリカ	14.4	43.4	5.2	23.5	13.5
南アメリカ	14.0	0	63.4	1.6	21.0
オーストラリア	57.2	0	16.9	0	25.9
南極	0	0	0	100	0

２ 英太さんは，日本の国土について調べた。

(1) **地図１**は，◉で示した熊本からの距離と方位が正しい地図である。◉で示した熊本と■で示した各都市との間を結んだ場合，熊本とウラジオストク間よりも距離が長くなる都市を，■で示した都市の中からすべて選び，書きなさい。

地図１ 熊本からの距離と方位が正しい地図

(2) **資料１**は，日本の領域の南端の島である。我が国は，この島が水没しないように島の周りを消波ブロックやコンクリートで保護し，上部を金網で覆うなどして，島の保全を進めてきた。多額の費用を使ってまで，このような対策をとる理由を，島の名称を明らかにしながら，「排他的経済水域」という語句を使って書きなさい。

資料１

(3) **資料 2** は，北海道，青森県，福島県，三重県，長崎県，鹿児島県の 6 つの道県における海岸線延長とそれぞれの道県が接している府県の数を示したものである。福島県と鹿児島県の正しい組み合わせを，次の**ア～カ**から 1 つ選び，記号を書きなさい。

資料 2

道県名	a	b	c	d	e	北海道
海岸線延長（km）	167	796	1140	2665	4183	4457
接している府県の数	6	2	6	2	1	0

ア　福島県－**a**　鹿児島県－**b**　　**イ**　福島県－**a**　鹿児島県－**d**
ウ　福島県－**c**　鹿児島県－**b**　　**エ**　福島県－**c**　鹿児島県－**d**
オ　福島県－**e**　鹿児島県－**b**　　**カ**　福島県－**e**　鹿児島県－**d**

(4) 英太さんは，中国四国地方について調べることにし，地図や資料を集めた。**地図 2** 中の A～E は県を表している。

地図 2

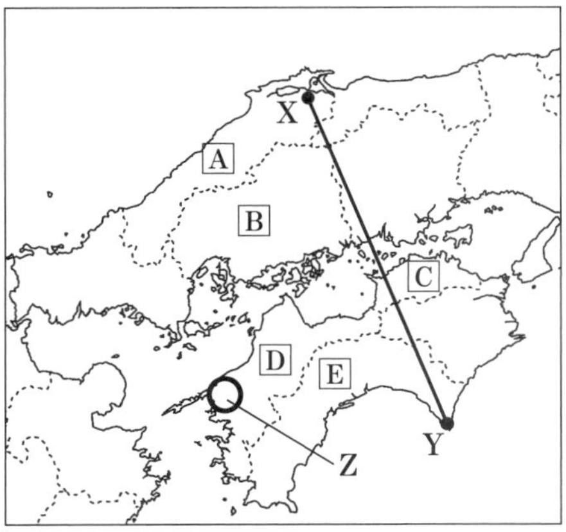

① **地図 2** 中の A～E 県のうち，県庁所在地名と県名が一致しないものをすべて選び，記号と県庁所在地名を，［**県の記号，○○市**］の形で書きなさい。

② B 県の県庁所在地の中心部は，河口付近に広がった平地に位置している。一般に，河口付近には，川が運んできた細かい土砂が堆積して平地ができやすい。河口付近に川が運んできた細かい土砂が堆積してできた平地は何と呼ばれるか，名称を書きなさい。

③ **資料 3** は，**地図 2** 中の **X－Y** 間の断面図を模式的に表したものである。瀬戸内地方が 1 年を通して降水量が少ない理由を，**資料 3** を参考にして，**P** 山地，**Q** 山地の名称を明らかにしながら，書きなさい。

資料 3

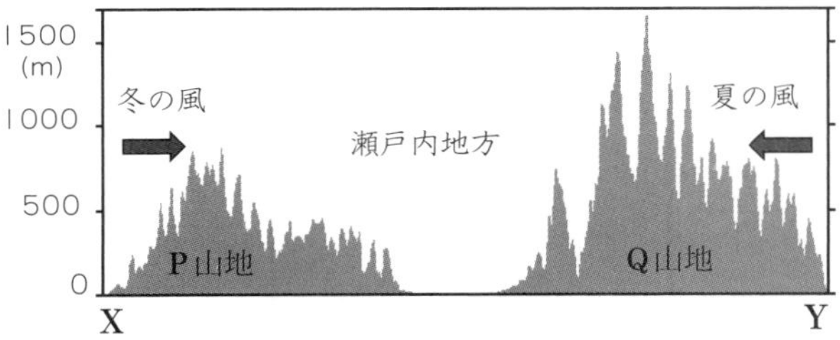

④ **資料 4** は，2020 年における，A～E 県の総人口，65 歳以上の人口，総面積，総面積に占める過疎地域の面積の割合を示したものである。**資料 4** から読み取れることとして正しいものを，次の**ア～エ**から 1 つ選び，記号を書きなさい。

資料 4

	総人口（千人）	65 歳以上の人口（千人）	総面積（km²）	過疎地域の面積の割合（%）
A	672	230	6708	86.4
B	2801	821	8480	61.6
C	951	302	1877	41.0
D	1336	441	5676	62.5
E	692	244	7104	79.6

ア　総面積が小さい県ほど，過疎地域の面積の割合が低い。
イ　総人口が少ない県ほど，過疎地域の面積の割合が低い。
ウ　総面積が大きい県ほど，65 歳未満の人口が多い。
エ　総人口が多い県ほど，65 歳未満の人口が多い。

⑤ **地図 3** は，**地図 2** 中の **Z** の部分の一部の地域を示した地形図である。**地図 3** には，**―・・―**（市の境界）が見られる。**地図 3** から読み取れる，**―・・―** の西側の土地のようすや土地利用について述べた文として正しいものを，次の**ア～エ**から 1 つ選び，記号を書きなさい。

地図 3

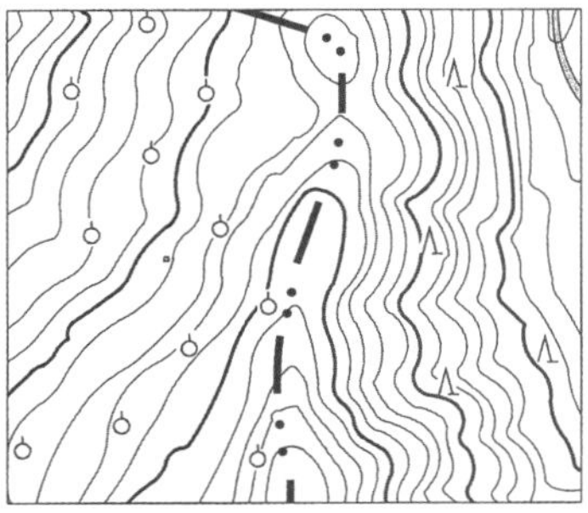

ア　**―・・―** の東側と比べて斜面の傾きが急であり，果樹園として利用されている。
イ　**―・・―** の東側と比べて斜面の傾きが急であり，広葉樹林として利用されている。
ウ　**―・・―** の東側と比べて斜面の傾きが緩やかであり，果樹園として利用されている。
エ　**―・・―** の東側と比べて斜面の傾きが緩やかであり，広葉樹林として利用されている。

合格判定テスト
実力診断
――数　学――
その１

注　意

1．問題は３ページあります。どの問題から始めてもかまいません。

2．制限時間50分，50点満点のテストです。

3．答えは，**この用紙に直接**，はっきりとていねいに書きなさい。

4．**計 算➡ 解き方➡ 求め方➡ と示されている問題は，過程がわかる程度の記述を余白に書き，答えは □ に書き入れなさい。求め方➡ は，図にかき込んでもかまいません。**

5．１ページと２ページの上に組，番，氏名を書いてから始めなさい。

教英出版

組	番	氏　　名	得　点

1 次の計算をしなさい。(各2点, 計8点)

(1) $2-(-4)\times3$

答

(2) $7(a+3b)-(4a-b)$

答

(3) $(x-2)(x+1)-(x-5)^2$

計算→

答

(4) $\frac{16}{\sqrt{2}}-\sqrt{18}$

計算→

答

5 下の図は，正四角すいの展開図である。この正四角すいで，辺ＤＥとねじれの位置にある辺をすべて書きなさい。(2点)

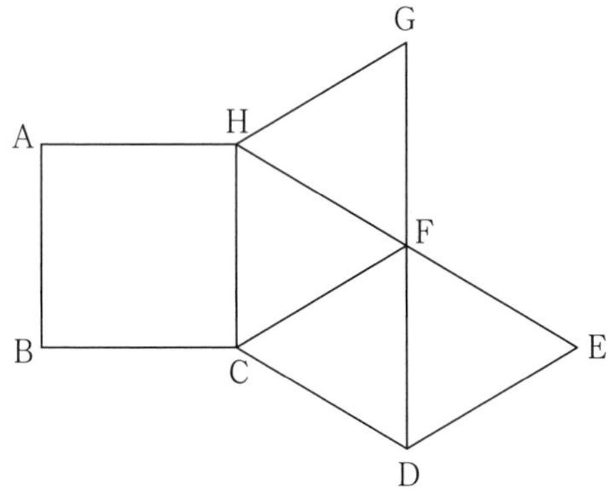

答

6 下の図は，英太さんのクラスの生徒35人のハンドボール投げの記録について，ヒストグラムに表したものである。次の問いに答えなさい。

(各2点, 計4点)

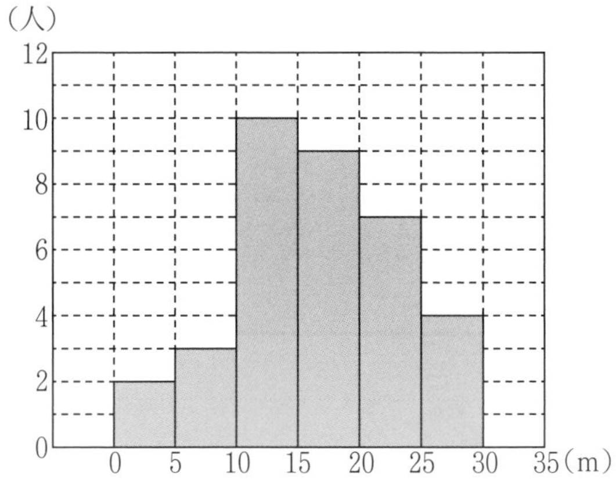

(1) 「20m以上25m未満」の階級の相対度数を求めなさい。

組	番	氏　　　名

8 下の図のように，３点A，B，Cがある。３点A，B，Cから等距離にある点Pと，点Cを点Pを回転の中心として180°回転移動(点対称移動)した点Qを作図によって求めなさい。ただし，作図に用いた線は残しておくこと。(３点)

9 教子さんは，学校の遠足で動物園に行った。学校から動物園までの行き

10 教子さんは，勉強部屋の室内の乾燥《かんそう》を防ぐため，加湿器Aを使う。この加湿器Aは，「強」，「中」，「弱」の３種類の強さで使用でき，どの強さでも水の消費量は使用した時間に比例する。１時間あたりの水の消費量は，「強」が800mL，「中」が600mL，「弱」が400mLである。また，リビングには加湿器Bがあり，この加湿器BはAと違って強さは調整できず一定で，水の消費量は使用した時間に比例し，１時間あたりの水の消費量は600mLである。水の容量は，加湿器Aが4800mL，加湿器Bが3000mLであり，２つの加湿器に水を入れて，ともに満水にした。加湿器Aを正午から午後１時まで「中」で使用し，午後１時から午後４時まで「強」で使用し，午後４時から午後６時まで「弱」で使用した。また，加湿器Bは午後２時から午後６時まで使用した。このとき，次の問いに答えなさい。

(1) 下の図は，加湿器Bについて，正午からx時間後の加湿器の中に残っている水の量をymLとして，xとyの関係をグラフに表したものである。加湿器Aのxとyの関係を表すグラフを下の図にかき加えなさい。(２点)

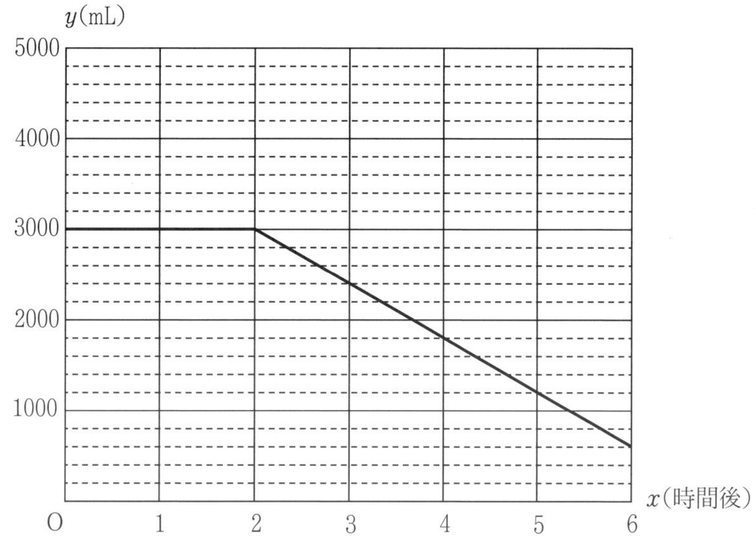

11 下の図で，①は関数$y=\frac{a}{x}(a>0)$のグラフ，②は関数$y=\frac{1}{2}x-2$のグラフである。点A，Bはグラフ①と②の交点であり，点Cはグラフ①上の点である。点Aのx座標は-2，点Bのx座標は6，点Cのx座標は3である。このとき，次の問いに答えなさい。

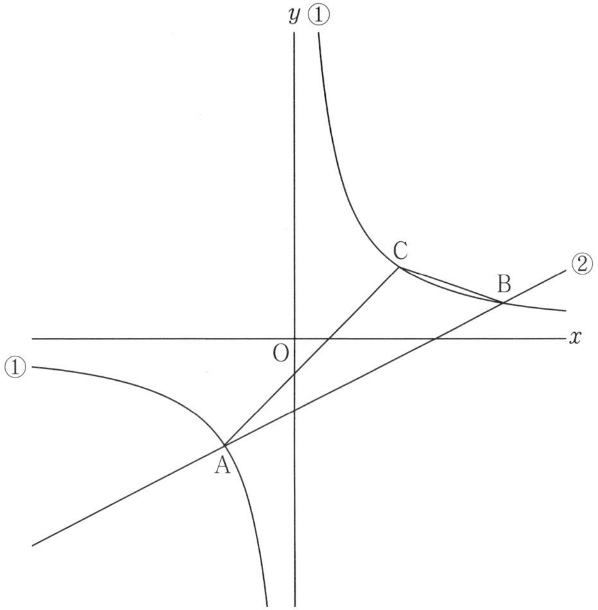

(1) 点Cの座標を求めなさい。(2点)

求め方

答 C(　　,　　)

13 下の図で，△ABCと△ABDは正三角形で，辺DB上に点P，辺BC上に点Qがある。∠DAP＝20°，∠PAQ＝90°であるとき，∠xの大きさを求めなさい。(3点)

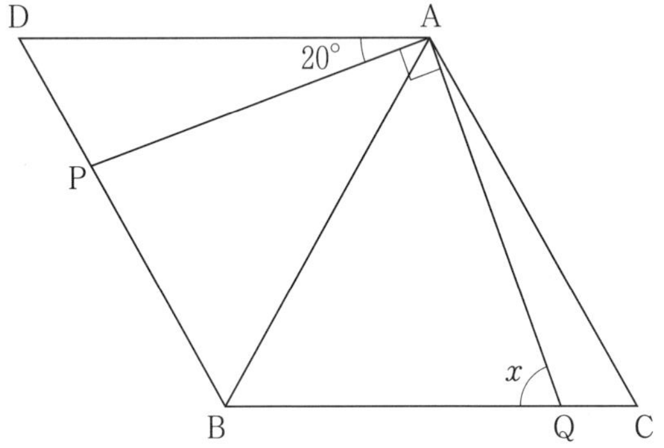

求め方

答 　　度

14 下の図で，△ABCは∠ABC＝90°の直角三角形であり，△DBEは△ABCと合同な三角形である。このとき，△ABE≡△DBCであることを証明しなさい。(4点)

合格判定テスト
実力診断
――理　科――
その１

注　意

１．問題は７ページあります。どの問題から始めてもかまいません。

２．制限時間50分，50点満点のテストです。

３．答えは，**別紙の解答用紙**に，はっきりとていねいに書きなさい。

教英出版

1　次の(1)～(4)の問いに答えなさい。

(1)　**図1**のようにして，鉄粉と硫黄粉末をよく混ぜ合わせ，乾いた試験管に入れて加熱した。

図1

①　**図1**で加熱後にできる物質を何というか，書きなさい。

②　**図1**で加熱後にできた物質と加熱前の混合物の違いを確かめる方法を1つ書きなさい。

(2)　火山のでき方や火山の形について調べるために，**図2**のような装置をつくり，三角フラスコ内に気体が発生して混合物がふくらみ，板の上にふき出すようすを観察した。水の量を15cm^{3}にしたときと40cm^{3}にしたときのようすはそれぞれ**図3**，**図4**のようになった。

図2

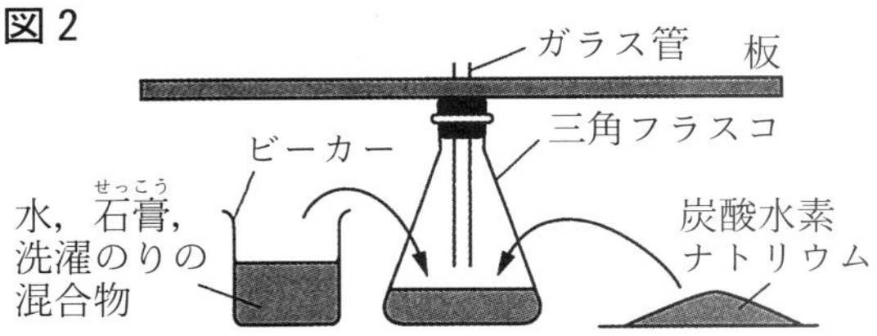

①　**図3**のような形の火山は**図4**のような形の火山と比べて，どのようなことが言えるか，「ねばりけ」という言葉を使って書きなさい。

図3

（水の量が15cm^3）

図4

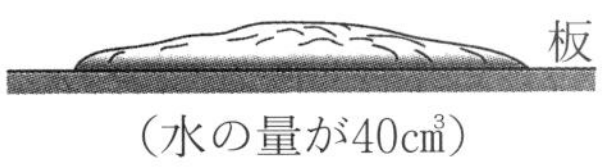

（水の量が40cm^3）

②　**図3**のような形の火山と**図4**のような形の火山の組み合わせとして適するものを次の**ア**～**エ**から1つ選び，記号を書きなさい。

ア　**図3**…桜島　**図4**…昭和新山　　**イ**　**図3**…キラウエア　**図4**…雲仙普賢岳

ウ　**図3**…マウナロア　**図4**…富士山　　**エ**　**図3**…雲仙普賢岳　**図4**…マウナロア

(3)　**図5**のように電極**A**が－極，電極**B**が＋極となるように電源装置につなぎ，電圧をかけたところ，蛍光板に光る線が見えた。さらに，電極**C**に＋極，電極**D**に－極を接続して電圧をかけると，光の線は電極**C**側に曲がった。

図5

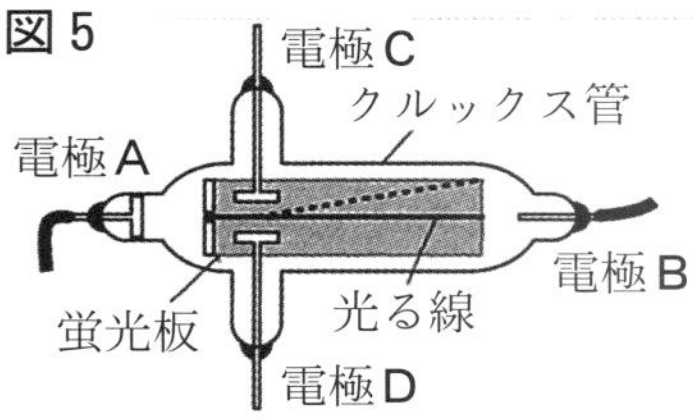

図6

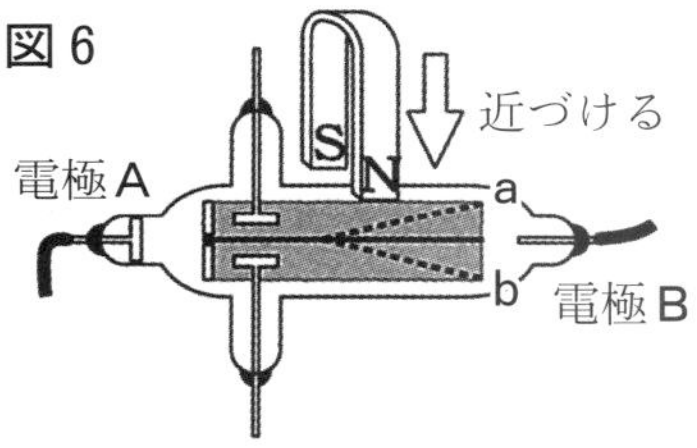

①　光る線はある粒子でできている。この粒子を何というか，書きなさい。また，**図5**で，電極**C**に＋極，電極**D**に－極を接続して電圧を加えたのはこの粒子のどのような性質を確かめるためか，書きなさい。

②　**図5**と同じ装置を使い，電極**C**と**D**に電圧を加えるのをやめ，**図6**のように，U字形磁石を近づけると，光の線は**b**の向きに曲がった。U字形磁石のN極とS極の向きを**図6**のときと反対にして近づけると光の線は**a**，**b**のどちらに曲がるか，記号を書きなさい。

(4)　**図7**はライオンとシマウマの目のつき方を，**図8**は頭の骨を比べたものである。

図7

図8

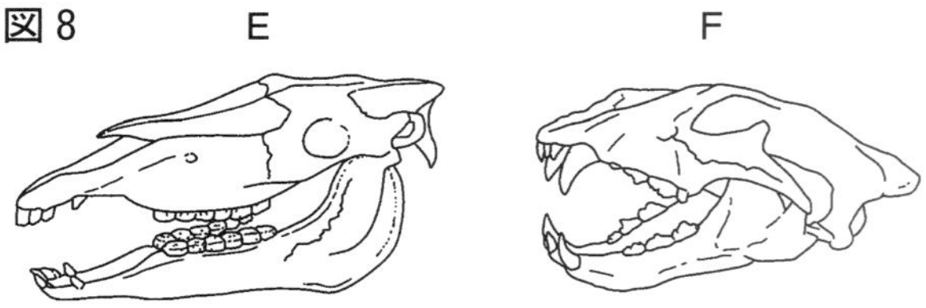

①　ライオンの目はシマウマに比べて前方についていることでどのような利点があるか，書きなさい。

②　シマウマの頭の骨は**図8**の**E**，**F**のどちらか，記号を書きなさい。また，シマウマの歯で発達している部分をその食べ物と関連付けて説明しなさい。

2　教子さんは一度混ぜたものをもとに戻せないかと考え，混合物を分ける実験１，２を行った。あとの問いに答えなさい。

〈実験１〉

図１のように，試験管にアンモニア水約$10\mathrm{cm}^3$と沸騰石を入れ，弱火で熱して出てきた気体を乾いた丸底フラスコに集めた。このとき，丸底フラスコの口のところに，水でぬらした赤色リトマス紙を近づけると青くなった。次に，気体を集めた丸底フラスコを用いて図２のような装置を作り，スポイトの中には水を入れた。スポイトを押して丸底フラスコの中に水を入れると，水槽の水が吸い上げられ，噴水が見られた。

図１

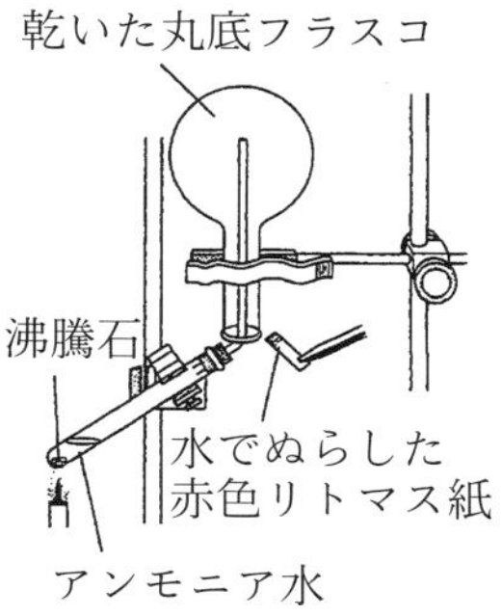

図２

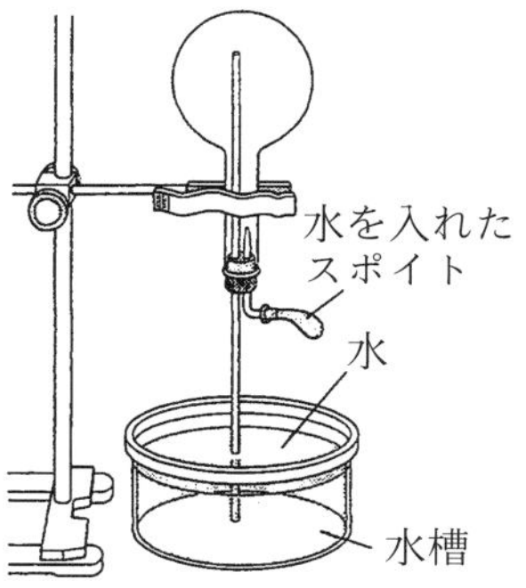

(1)　〈実験１〉で，水でぬらした赤色リトマス紙を青色に変化させた気体は何か，化学式で書きなさい。

(2)　〈実験１〉で，発生した気体を図１のように上方置換法で集める理由を書きなさい。

(3)　〈実験１〉で，図２の水槽の水に緑色のＢＴＢ溶液を加えると，噴水は何色になるか，書きなさい。

〈実験２〉

図３のような装置を作り，枝つきフラスコにエタノールの濃度が10％の赤ワイン$30\mathrm{cm}^3$と沸騰石を入れ，弱火で熱し，出てきた液体を約$2\mathrm{cm}^3$ずつ試験管Ａ，Ｂ，Ｃの順に集めた。次に，試験管Ａ～Ｃの液体をそれぞれ蒸発皿に移し，マッチの火をつけると，試験管Ａ，Ｂの液体は燃えたが，試験管Ｃの液体は燃えなかった。

図３

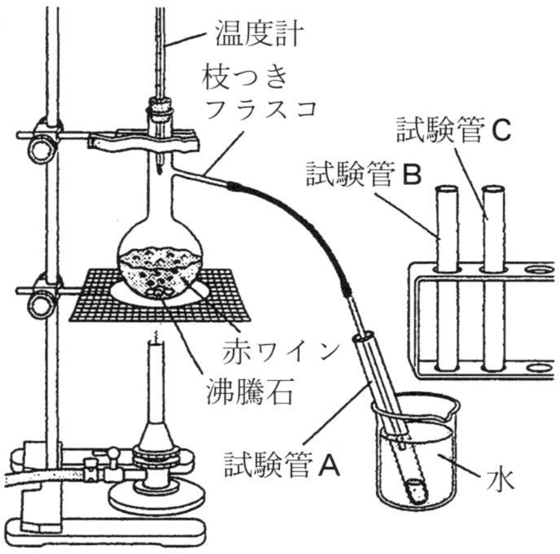

(4)　〈実験２〉のように，液体を加熱して沸騰させ，出てきた気体を再び液体にして取り出す方法を何というか，書きなさい。

(5)　図３で，温度計の球部を，枝つきフラスコの枝のつけ根の高さにした理由を書きなさい。

(6)　〈実験２〉で，試験管ＡとＣの液体の密度の大きさの違いを説明しなさい。ただし，エタノールの密度を$0.79\,\mathrm{g/cm^3}$，水の密度を$1.0\,\mathrm{g/cm^3}$とする。

(7)　〈実験２〉で，エタノール（C_2H_6O）が燃えたときの化学変化を化学反応式で表すと，次のようになる。［　①　］，［　②　］に当てはまる整数を書き，化学反応式を完成させなさい。

$C_2H_6O + 3O_2 \rightarrow$ ［　①　］ $CO_2 +$ ［　②　］ H_2O

(8)　アンモニア水や赤ワインのように，いくつかの物質が混ざり合ったものを混合物という。ア～オから混合物をすべて選び，記号を書きなさい。

ア　炭酸水素ナトリウム　　**イ**　食塩水　　**ウ**　ブドウ糖　　**エ**　塩酸　　**オ**　みりん

3　英太さんは植物のつくりとはたらきについて調べるため，観察や実験を行った。あとの問いに答えなさい。

〈観察 1〉

双子葉類の植物**A**の葉を薄く切って切片をつくり，スライドガラスの上にのせた。スライドガラスに，水を1滴落としてカバーガラスをかぶせ，顕微鏡で葉の断面のつくりを観察した。**図1**は，顕微鏡で観察した植物**A**の葉の断面のスケッチで，**a**と**b**の2種類の管が集まり束になっているようすが観察できた。

図1

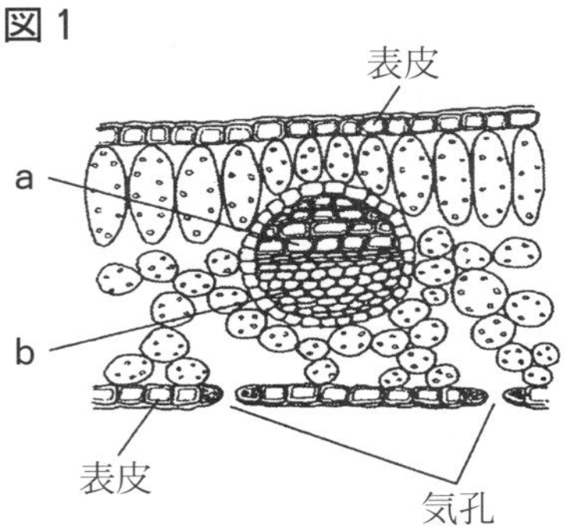

(1)　下線部に分類される植物はどれか，適するものを次の**ア**～**エ**から1つ選び，記号を書きなさい。

ア　トウモロコシ　　**イ**　ユリ　　**ウ**　ツユクサ　　**エ**　アブラナ

(2)　**図1**の**a**の管を通るものは何か，書きなさい。

英太さんは，教科書で茎の断面図を見て，2種類の管が集まり束になっている部分を比べた。

図2

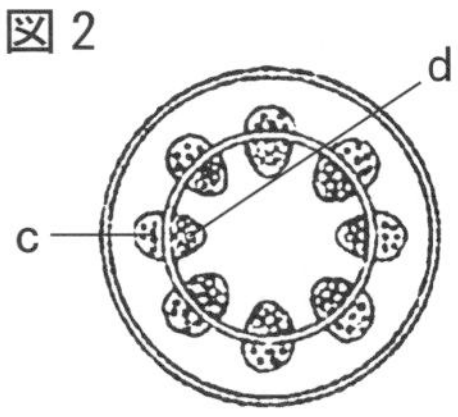

(3)　2種類の管が集まって束になっている部分を何というか，書きなさい。

(4)　**図1**の**b**の管と同じものが通る管は，**図2**の**c**，**d**のどちらか，記号を書きなさい。

〈観察 2〉

単子葉類の植物**B**の葉の表側と裏側の表皮をはがして，それぞれをスライドガラスの上にのせた。それぞれのスライドガラスに，水を1滴落としてカバーガラスをかぶせ，顕微鏡で葉の表皮にある気孔を観察した。**図3**は，観察に用いた植物**B**の葉と，葉の表側の表皮を観察した際，顕微鏡の視野全体に観察された気孔をスケッチしたものである。スケッチした範囲は，葉の表皮のうち**図3**に示した直径0.8㎜の円形部分に相当する。観察の結果，この植物では，葉の表側と裏側の表皮に，ほぼ同じ数の気孔が観察された。

図3

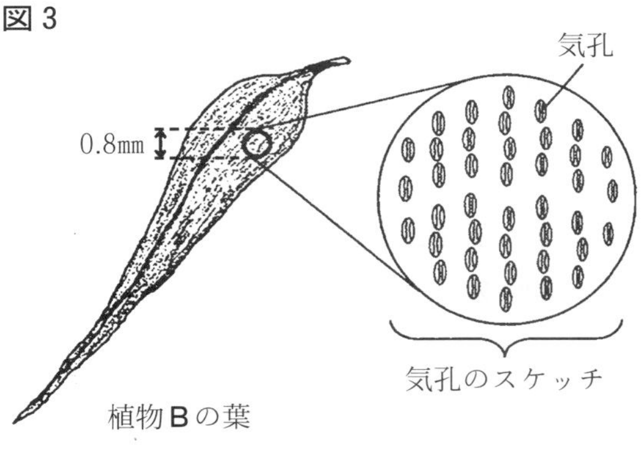

(5)　気孔から出される気体のうち，根からの水の吸収を盛んにするために出されるものは何か，書きなさい。

(6)　**図3**から，葉の表皮の気孔は1㎟あたりにおよそいくつあると考えられるか，適するものを次の**ア**～**エ**から1つ選び，記号を書きなさい。

ア　20　　**イ**　40　　**ウ**　80　　**エ**　120

合格判定テスト
実力診断
――英　語――
その１

注　意

1．問題は７ページあります。※**放送による問題**は，放送の指示にしたがってやりなさい。

2．制限時間50分，50点満点のテストです。

3．答えは，**別紙の解答用紙**に，はっきりとていねいに書きなさい。

4．**英語を書くときは，大文字，小文字の区別や，ピリオド，コンマなどに気をつけて書きなさい。**

※音声の聴き方は「このテストの使い方」に記載しています。
放送文は，「正答例と解説」の７ページにあります。ウェブサイトで音声を聴くことができない場合は，そちらを読みながらテストを実施してください。

教英出版

☆１・２・３は放送による問題です。

１　教子《きょうこ》（Kyoko）とサム（Sam）の対話とそれに対する質問を聞いて，質問の答えとして適するものをア，イ，ウ，エから１つ選び，記号を書きなさい。英語は２回くり返します。

(1)

ア

イ

ウ

エ

(2)

ア

イ

ウ

エ

(3)

ア

イ

ウ

エ

(4)

ア
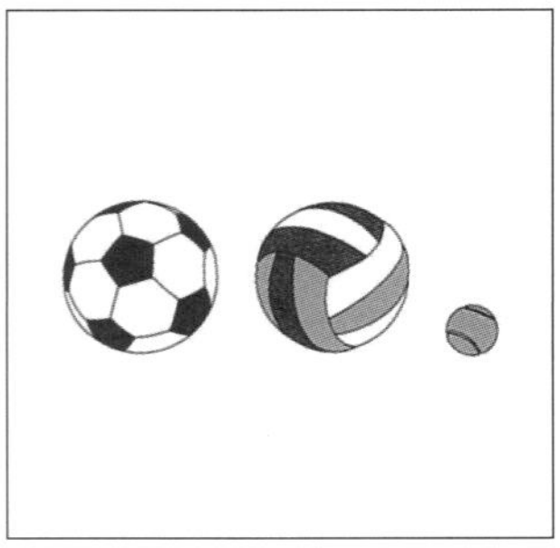

イ

ウ

エ
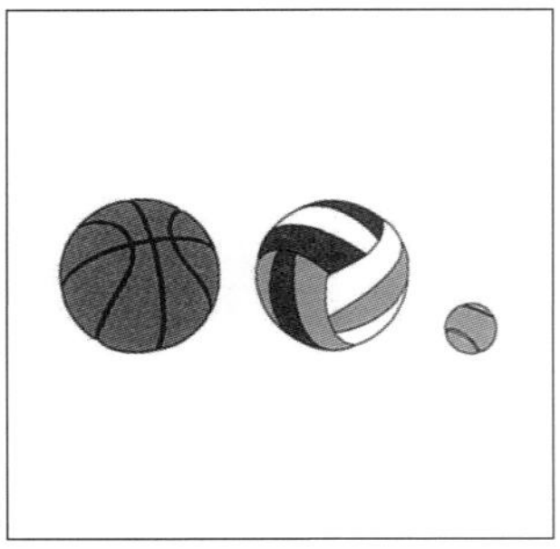

2　留学生のアリ（Ari）が自分の国について話をしています。内容に合うように，①～⑤の（　　　）に適する日本語または数字を書きなさい。英語は2回くり返します。

・アリはトルコの学生である。
・日本からトルコまで，飛行機で（　①　）時間かかる。
・トルコは日本よりも広いが，トルコの（　②　）は日本よりも少ない。
・トルコには日本の企業がたくさんあり，トルコの多くの人が日本に（　③　）。
・トルコと日本の文化は似ているところが多い。
　例えば…

● 家にあがるときは靴を脱ぐ。そのため，（　④　）である。
● お菓子がとてもおいしい。よくレストランで（　⑤　）ながら，甘いお菓子を食べる。

3　英太《えいた》（Eita）が日本で仕事をしている佳《ジァ》（Jia）にインタビューをしています。対話を聞き，(1)(2)は質問の答えとして適するものをア，イ，ウから1つずつ選び，記号を書きなさい。(3)(4)は質問に英語で答えなさい。英語は2回くり返します。

(1)　ア　Yes, she can.　　イ　No, she can't.　　ウ　Yes, she does.

(2)　ア　For 35 hours.　　イ　For 40 hours.　　ウ　For 45 hours.

(3)　She ＿＿＿＿＿＿＿＿＿＿＿＿＿＿＿＿ in different languages.

(4)　＿＿＿＿＿＿＿＿＿＿＿＿＿＿＿＿ between people from abroad and Japanese people.

4　教子（Kyoko）とサラ（Sara）が国際イベント（international event）の話をしています。対話を読んで，あとの問いに答えなさい。

Kyoko : Hi, Sara.　How are you?

Sara : Good!　I hear you joined an international event yesterday.
(　　①　　)

Kyoko : It was exciting.　Ten *foreign students from five countries came to Japan to talk about *global problems with Japanese students.

Sara : Great!　(　　②　　)

Kyoko : The topic was *climate change.　We had some ideas to *solve the problem.　It was a good experience.

Sara : You speak English well.　So I don't think it's difficult for you to work with foreign students.

Kyoko : Well, I like speaking English.　But I had a problem last year.

Sara : What was the problem?

Kyoko : In an English class, I talked with students from Australia on the Internet.　We talked about *global warming.　But it didn't *go smoothly because I didn't get any information about their country before the class.　It was my mistake.　Japanese culture and *Australian culture aren't the same.

Sara : I see.　When you work with foreign students, it's very important to (　　③　　)

Kyoko : I *agree.　For yesterday's event, I learned about the five countries. I could talk with the foreign students well because I got some information before.　We knew our *differences and *respected them.　So we had some good ideas.

Sara : (　　④　　)

Kyoko : For example, we should *save electricity to *reduce the amount of using *fossil fuel.　And we should ride bikes *instead of using cars.

Sara : I see.　You could learn many things from your experience.

Kyoko : Yes, I learned it was the most important to *prepare.

*foreign : 外国の
*global : 地球規模の
*climate change : 気候変動
*solve: 解決する
*global warming : 地球温暖化
*go smoothly : スムーズに進む
*Australian : オーストラリアの
*agree : 同意する
*difference(s) : ちがい
*respect(ed) : 尊重する
*save electricity : 節電する
*reduce the amount : 量を減らす
*fossil fuel : 化石燃料
*instead : かわりに
*prepare : 準備する

合格判定テスト・実力診断　その一

国語解答用紙

＊は一つ一点とする。

解答に字数制限がある場合は、句読点も一字として数えること

組	番	氏名	得点

一

①＊

②＊

③＊　る

④＊　る

⑤＊

⑥＊

⑦＊　う

⑧＊　う

二

問一　完答＊＊

問二　＊

問三　文化＊＊　文明＊＊

問四　＊＊

問五　＊

問六　＊＊

問七　＊＊＊

60

80

三

合格判定テスト・実力診断　その１

社　会　解　答　用　紙

＊は１つ１点とする。

組	番	氏　　　名	得 点

1	(1)	＊①	＊② ＊③ ＊④ ＊⑤
		⑥	i ＊＊
			ii ＊＊ 月　日　午前 午後　時　午前・午後どちらかを○で囲むこと
	(2)	＊①	記号　国名　＊② 記号　正しい語句　＊(3)

2	＊(1)		
	＊＊(2)		＊(3)
	(4)	＊①	＊②
		＊＊③	
		＊④	＊⑤ ＊(5)
		①	立地場所＊

合格判定テスト・実力診断　その1

理　科　解　答　用　紙

＊は1つ1点とする。

組	番	氏　名	得　点

1

(1)	＊①		＊②
(2)	＊①		＊②
(3)	① 粒子＊	性質＊	＊②
(4)	＊①		
	② 記号＊	説明＊	

2

＊(1)		＊(2)	
＊(3) 色	＊(4)	＊(5)	
＊(6)	(7) ＊①	＊②	
＊＊(8)			

3

＊(1)	＊(2)	＊(3)	＊(4)	＊(5)
＊(6)	＊(7)			
＊(8)				

教英出版

合格判定テスト・実力診断　その1

英　語　解　答　用　紙

＊は1つ1点とする。

組	番	氏　　名	得点

1	＊(1)		＊(2)		＊(3)		＊(4)	

2	＊①		＊②		＊③	
	＊④		＊⑤			

3	＊(1)		＊(2)		＊(3)	She　　　　in different languages.
	＊(4)	between people from abroad and Japanese people.				

4	(1)	＊①		＊②		＊③		＊④	
	＊(2)								
	(3)	＊	＊						

	＊＊(1)	

5	(3)	*㋐	*㋑
	**(4)		
	**(5)	Major League Baseball games.	
	(6)	**①	
		**②	
	(7)	*	*

6	**①	
	**②	
	**③	.
	**④	.

7	(1)	**
		**
	**(2)	

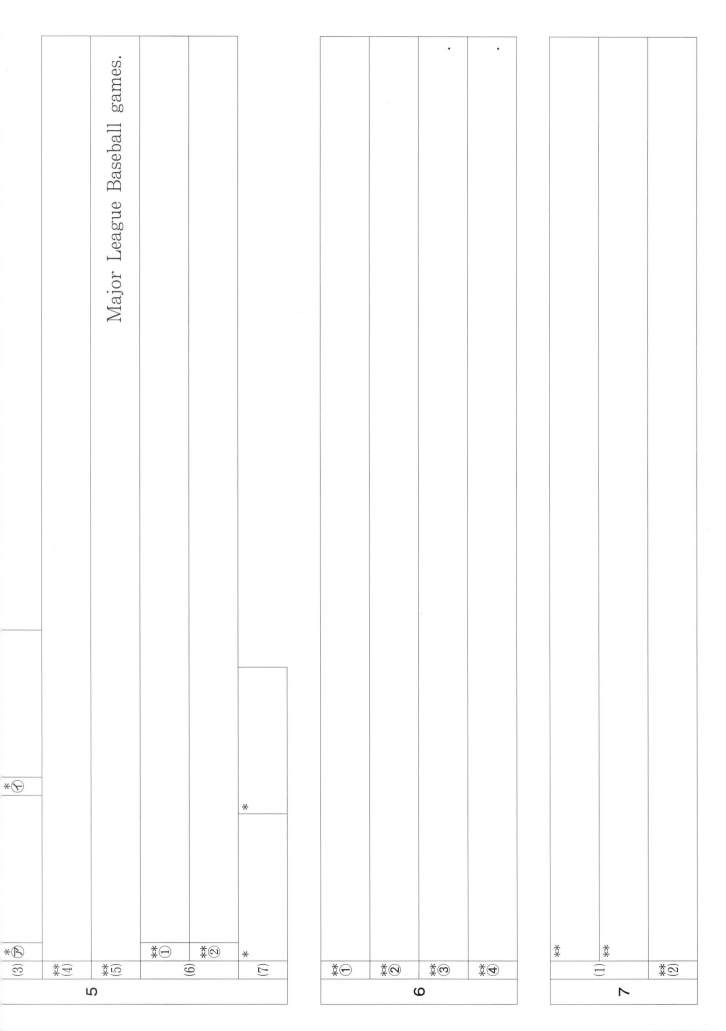

4

＊(1)		＊(2)	
＊(3)		＊(4)	
＊(7)		＊(6)	震源に近い地震計で,
＊＊(8)		＊＊(5)	

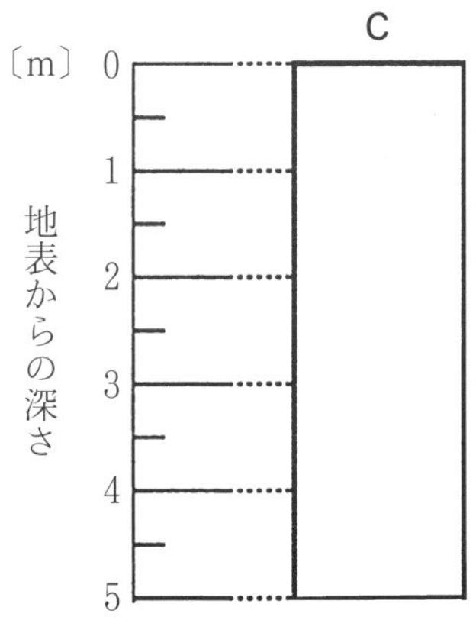

5

＊(1)			
(2)	名称＊	利用例＊	
＊(4)		＊(5)	
＊(6)	g		
＊＊(7)	cm		
＊＊(3)			

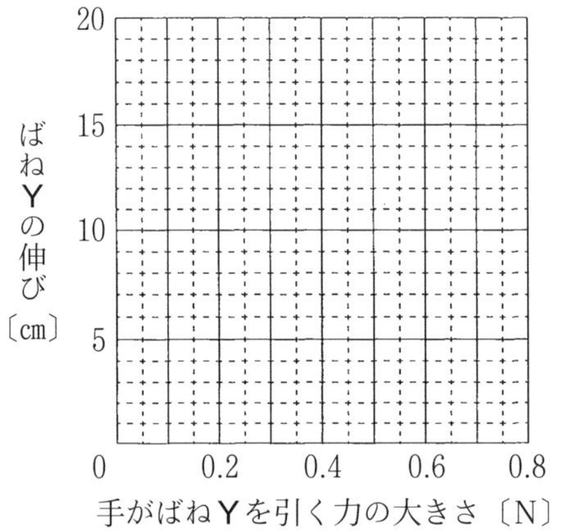

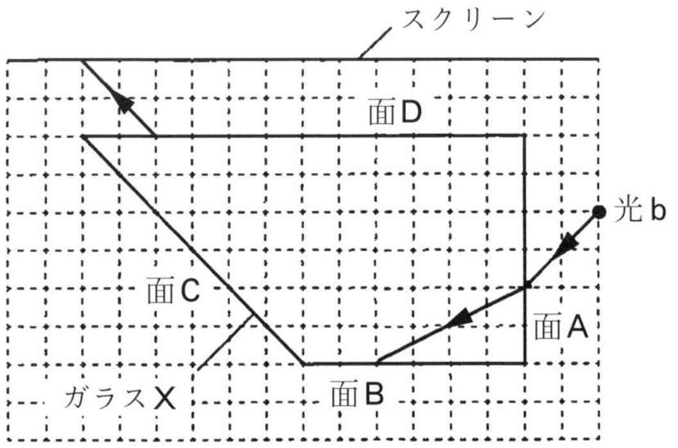

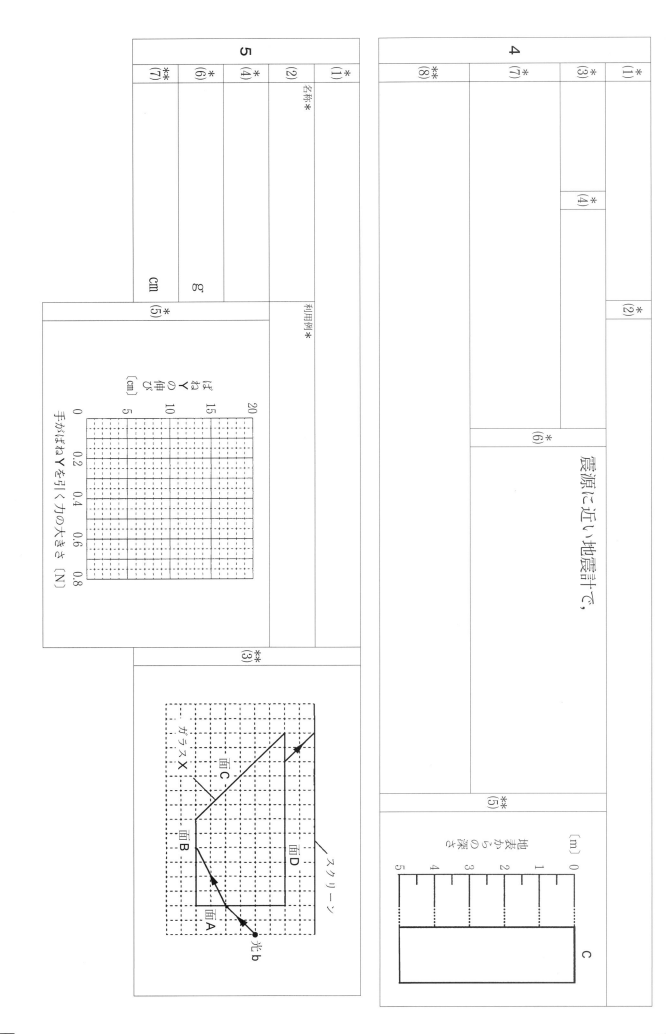

	*②		*(7)	

3	*(1)		(2)	①	戦いの名称*	記号*	*②		*③				
	(3)	①	㋑*	㋺*									
		*②	→ → →	*③		④	㋑*	㋺*					
	(4)	*①		**②									
		*③		*(5)		(6)	*①						
	(6)	**②											
	(7)	㋑*	㋺*										
	(8)	*①		*②	→ → →								

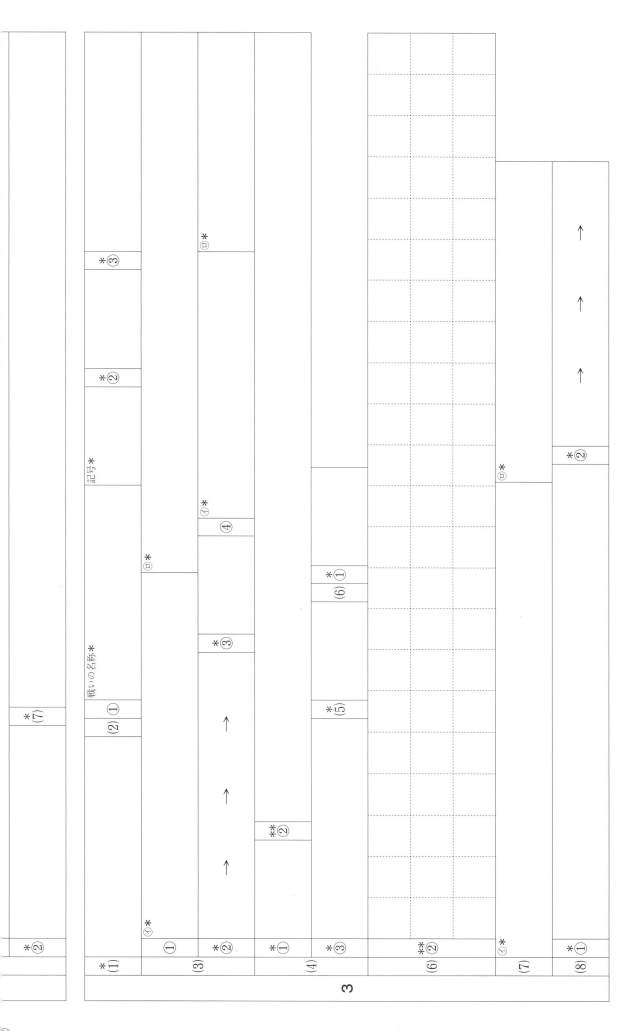

問二 *

問三 *

問四 ***

問五 **

問六 **

問七 **

問八 **

初め

終わり

問九 ***

四

問一 **

問二 ***

問三 **

140

100

(1) ①～④の(　　)に最も適する英語を次の**ア～キ**から1つずつ選び，記号を書きなさい。

ア Where did you go to join it?
イ What did you talk about ?
ウ What did you do to help the students ?
エ How was it?
オ What ideas did you have?
カ know each country has its own culture.
キ speak English.

(2) 教子が英語の授業でオーストラリアの生徒とインターネットを通して話をした時，スムーズに進まなかった理由を日本語で書きなさい。

(3) 対話の内容と合うものを次の**ア～オ**から2つ選び，記号を書きなさい。

ア Kyoko went to Australia to talk about climate change.
イ Kyoko talked with foreign students from five countries in the international event.
ウ Kyoko studied about global warming after the international event.
エ Kyoko learned about the five countries before the international event.
オ Kyoko learned that to think about global warming was the most important of all.

5　英太（Eita）は，メジャーリーグベースボール（Major League Baseball）についてスピーチ原稿《げんこう》を書きました。英文を読んで，あとの問いに答えなさい。

When I was a junior high school student, my family lived in an old and beautiful city of the U.S. for a year. My father taught science at *college there. I had a good friend, Paul. We went to the same school. I enjoyed my life in the U.S. very much.

One day, I was talking with Paul at lunch. Paul asked, "Would you like to go to the *ballpark tomorrow? My father has some *tickets for a Major League Baseball game." "① I would love to go." I said. "I've wanted to watch a Major League Baseball game for a long time." "There is a great Japanese *pitcher on our team." Paul said. "He has been playing baseball for five years in Major League Baseball. The other team ＿＿＿＿＿＿. Maybe you can see both players tomorrow."

The next day, Paul's father ㋐(take) me and Paul to the ballpark. It *was full of people. The green *field was so large and beautiful that I could not say anything. When the game started, I was surprised to see the first *batter was Japanese. I said, "Oh, there are two Japanese players in this field!" "It's not easy to play on a Major League Baseball team." Paul's father said. "Playing on a Major League Baseball team is a dream for many baseball players. These two Japanese players are ㋑(love) by many people in the U.S." I was very happy to hear that. I asked, "② How many teams are there in Major League Baseball?" "There are 30 teams in different cities, and 29 of them are in the U.S. and one of them is in *Canada. Because only the best players around the world are *chosen, it is difficult to join a Major League Baseball team." Paul's father answered. I hoped more Japanese players could join teams in the future. When all the people were enjoying the game, I heard some music. [hear ／ music ／ I ／ often ／ at ／ the] Major League Baseball games. People started to sing the song together. That song made the players and the *audience more excited. I thought that people became good friends through the game.

I live in Japan now. On fine days, my father and I sometimes play catch in a park. I still *remember my wonderful time in the U.S. I hope that I will visit that old and beautiful city to watch one more game and to enjoy the music.

*college : 大学
*ballpark : 球場
*ticket(s) : チケット
*pitcher : 投手
*be full of : いっぱいである
*field : フィールド
*batter : 打者

*Canada : カナダ
*chosen : choose の過去分詞
*audience : 観客
*remember : 思い出す

(1) 下線部①のように英太が言った理由を，日本語で具体的に書きなさい。

(2) [　　　　] に最も適する英語を次の**ア～エ**から選び，記号を書きなさい。

ア has two good Japanese batters
イ has a good Japanese batter
ウ has a good Japanese pitcher
エ has no Japanese player

(3) ㋐と㋑の動詞を適する形にしなさい。

(4) 下線部②の質問に対する答えを，メジャーリーグに所属するチームがある2つの国とそのチーム数がわかるように日本語で具体的に書きなさい。

(5) [　　]内の英語を，正しい語順に並べかえて書きなさい。

(6) 本文の内容に合うように，次の質問に3語以上の英語で答えなさい。

① Who stayed in an old and beautiful city of the U.S. for a year?
② Why is it difficult to join a Major League Baseball team?

(7) 英太のスピーチの内容と合うものを，次の**ア～オ**から2つ選び，記号を書きなさい。

ア Eita and Paul were students of the same school in Japan.
イ Eita could not say anything because the green field was large and beautiful.
ウ Eita hoped more Japanese players could join Major League Baseball teams.
エ Eita was really happy because he could become good friends with Paul through the soccer team.
オ Eita hopes to visit the beautiful ballpark and play there as a Major League Baseball player.

次のページにも問題があります。

6　英太（Eita）と留学生のオリビア（Olivia）が話をしています。①と②のことを伝えるとき，英語でどのように言いますか。下線部に適する英語を書きなさい。また，③と④には，会話の流れが自然になるように，それぞれ5語以上の英語を書きなさい。ただし，同じ内容の文は入れないこととします。

Eita : Hi, Olivia.　What are you reading?

Olivia : A *guidebook about *Canada.　＿＿①カナダに行ったことはある？＿＿

Eita : No.　But I want to visit Canada in the future.
＿＿②その本を見せてくれない？＿＿

Olivia : Sure.　Here you are.　This guidebook says Canada has beautiful nature and a lot of museums.

Eita : So we can enjoy both outdoor *activities and *indoor activities.　Which do you like better, outdoor activities or indoor activities?

Olivia : I like indoor activities better because ＿＿③＿＿ .

Eita : Oh, I'm *against your opinion.
I like outdoor activities better because ＿＿④＿＿ .

Olivia : Oh, no.　It is difficult for us to go on a trip together.

*guidebook : ガイドブック
*Canada : カナダ
*activities : 活動
*indoor : 屋内の
*against your opinion : あなたの意見に反する

7　日本の公園に興味があるALTのトニー（Tony）先生が，A市（A City）の市民が公園に求める役割に関するデータ（data）を配りました。データを見て，トニー先生の質問に対する答えを英語で書きなさい。

〈データ〉

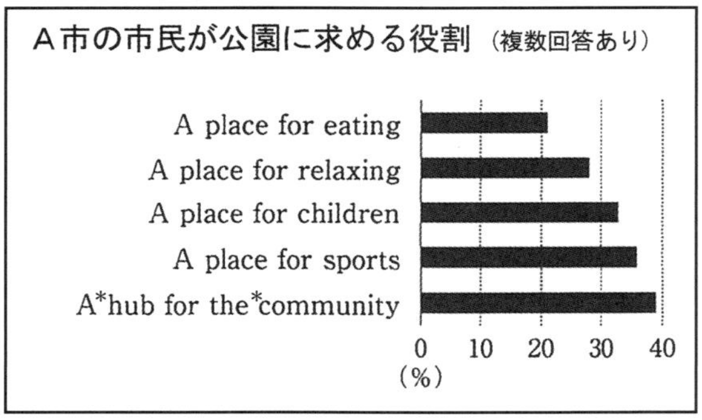

The data shows "What *roles do people in A City want for parks?"

*hub : 中心　*community : 地域社会　*role(s) : 役割

〈トニー先生の質問〉

(1)　What can you see from this data?　Please write two things from it.

(2)　What is the most important role for parks to you?　Please write your own idea.

〈実験〉

図4のように4本の試験管**W**〜**Z**を用意し，試験管**W**，**X**にほぼ同じ大きさのオオカナダモを入れた。青色のＢＴＢ溶液に息を吹き込んで緑色にしたものを，すべての試験管に入れて満たした後，すぐにゴム栓でふたをした。次に，**図5**のように試験管**X**，**Z**全体をアルミニウムはくでおおい，光が当たらないようにした。４本の試験管を光が十分に当たる場所に数時間置き，ＢＴＢ溶液の色を調べ，その結果を**表**にまとめた。

図4

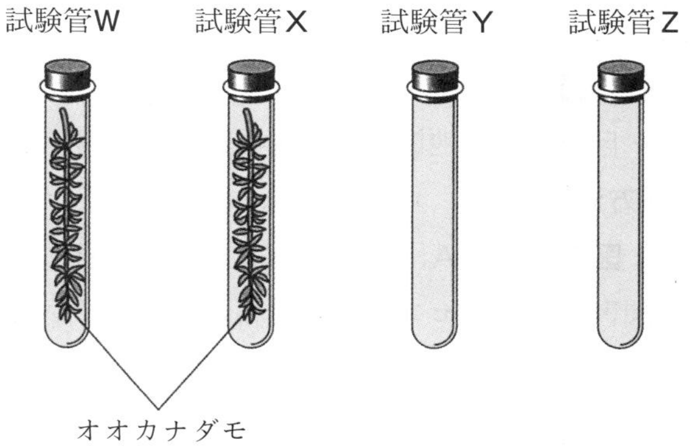

図5

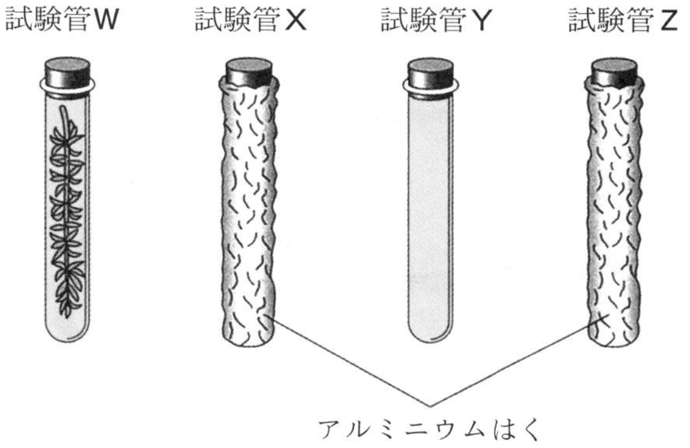

表

試験管	W	X	Y	Z
ＢＴＢ溶液の色	青色	黄色	緑色	緑色

(7)　試験管**Y**，**Z**を用意したのはなぜか，書きなさい。

(8)　試験管**X**でＢＴＢ溶液の色が黄色になったのは，何という気体が増加したからか，物質名を書きなさい。

(9)　試験管**W**でＢＴＢ溶液の色が青色になったのはなぜか，「光合成」と「呼吸」という言葉を使って書きなさい。

4　教子さんは，理科の授業で災害について学び，自分の住む地域の地形の特徴や災害について調べ，レポートにまとめた。あとの問いに答えなさい。

〈レポート〉

【目的】

自分の住む地域の地層を観察し，図書館や防災センターで地形の特徴を調べて，災害に備える。

【方法】

図1の地点A，Bで，地面に対し垂直に切り立った崖を観察し，地層をスケッチしたものが**図2**である。図書館や防災センターで資料の収集とインタビューを行い，**表**に**図1**の地点A，B，C，Dの標高を，**図3**に地点Dの柱状図を示した。**図2**のスケッチの●はA，Bそれぞれの地点で崖を観察した位置を示しており，**表**に示した標高と同じ高さである。

図1　調査を行った場所

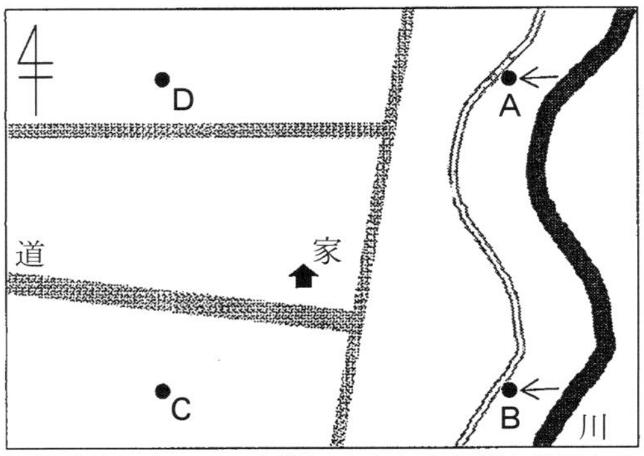

地点A，Bでは，矢印の方向から地層を観察した

図2　地点A，Bの地層のスケッチ

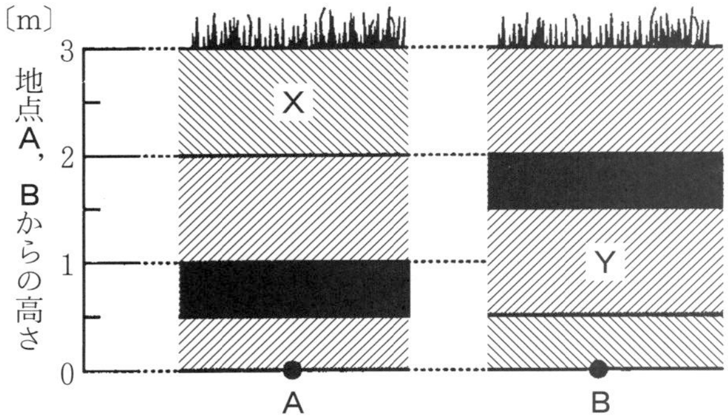

地層の模様は**図3**と同じ

図3　地点C，Dの柱状図

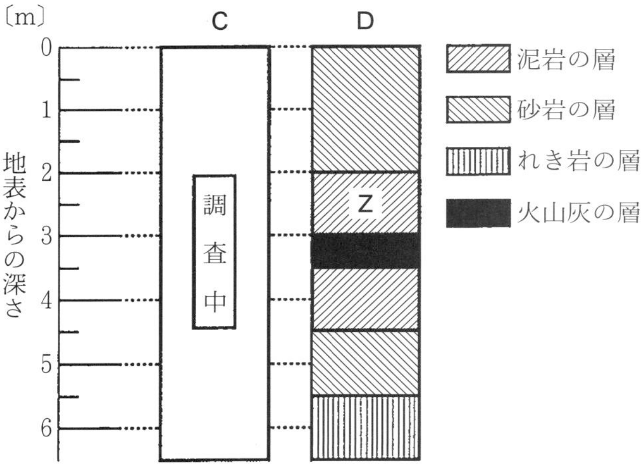

表

地点	A	B	C	D
標高〔m〕	18	17	19	20

【わかったこと】

- この地域の地層は断層やしゅう曲，上下の逆転がなく，地層の厚さも一定で広がっている。
- **図2**，**3**の地点A，B，Dの①火山灰の層ができたのは同じ年代である。
- 地点Cでは現在ボーリング調査が行われている。

【考察】

- 地点Dの柱状図から，この地域で②れき岩の層が堆積し，火山灰の層が堆積するまでに，この地域は大地の変動により，海岸から遠ざかっていったと考えられる。
- 地層の上下の逆転がないことから，砂岩の層Xと泥岩の層Y，Zは，［　③　］の順に堆積したと考えられる。
- **図1**，**2**，**3**から，地層は一定の傾きで，［　④　］の向きに傾いて低くなっていると考えられる。

【感想】

自分が住んでいる地域の地形の特徴を調べることで，地層が災害に関わっていることがわかった。⑤緊急地震速報などの情報に注意したり，日ごろからハザードマップを見て災害の時の行動を考えたりすることが大切だと思った。

⑴　下線部①で，火山灰が押し固められてできた岩石を何というか，書きなさい。

⑵　下線部②のように考えることができるのはなぜか，書きなさい。

⑶　[　③　] に入る順として適切なものを，次の**ア**～**エ**から１つ選び，記号を書きなさい。

ア　X→Y→Z　　イ　Z→Y→X　　ウ　X→Z→Y　　エ　Y→Z→X

⑷　[　④　] に入る方角を４方位で書きなさい。

⑸　**C**の柱状図で，火山灰の層にあたる部分を，解答用紙の図にぬりつぶしなさい。

⑹　下線部⑤はどのようなシステムか，「震源に近い地震計で,」に続く形で，「P波」と「S波」という言葉を使って書きなさい。

教子さんは地震が起こるしくみについて興味を持ち，断層やプレートについて調べることにした。図４は，地震が起こるときに生じる断層の１つを模式図で表している。

図４

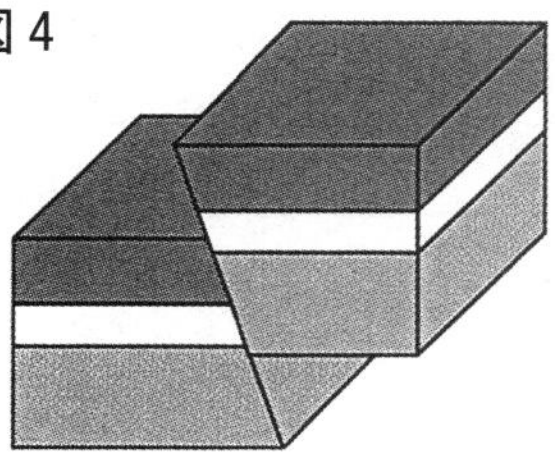

⑺　**図４**のような断層ができるとき，地層にはどのような向きの力がはたらいているか，書きなさい。

⑻　西日本の太平洋沖には，大陸プレートであるユーラシアプレートと海洋プレートであるフィリピン海プレートとの境界がある。このようなプレートの境界付近で大きな地震が起こる仕組みを説明しなさい。

次のページにも問題があります

5　英太さんは，光の進み方やばねのはたらきに興味をもち，実験１，２を行った。あとの問いに答えなさい。

〈実験１〉

図１のように，正方形のマス目のかかれた厚紙の上に，透明で底面が台形である四角柱のガラス**X**とスクリーンを置き，光源装置から出た光の進み方を調べた。**図２**は，点**P**を通り点**Q**からガラス**X**に入る光**a**の道筋を厚紙に記録したものである。次に，光源装置を移動し，**図２**の点**R**を通り点**S**に進む光**b**の進み方を調べると，光**b**は，面**A**で屈折してガラス**X**に入り，ガラス**X**の中の面**B**，**C**で反射したのち，面**D**で屈折してガラス**X**から出てスクリーンに達した。このとき，面**B**，**C**では，通り抜ける光はなく，全ての光が反射していた。

図１

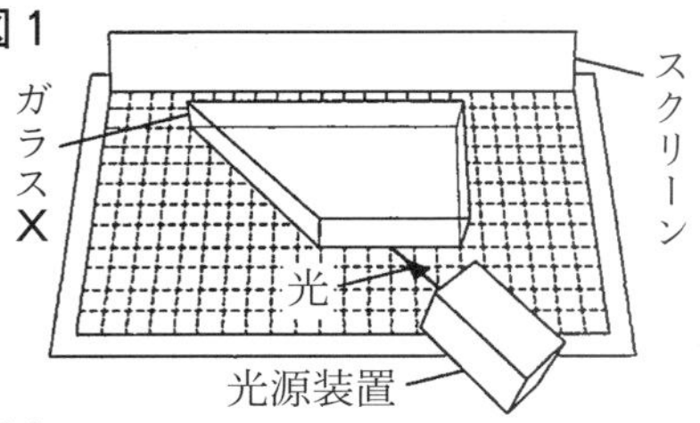

図２

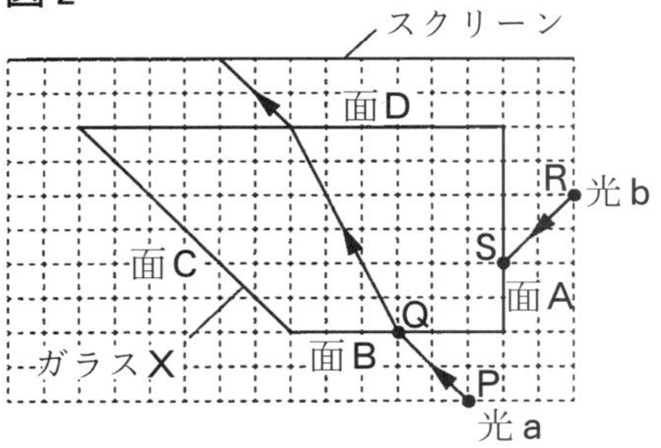

(1)　光がガラスから空気中へと屈折して進むとき，入射角と屈折角の大きさはどのような関係になるか，書きなさい。

(2)　下線部のような反射を何というか，書きなさい。また，この反射が利用されている例を１つ書きなさい。

(3)　**図３**は，光**b**が面**A**で屈折し，面**B**で反射するまでと，面**D**から空気中に出た後の道筋を示している。面**B**で反射してから面**D**に達するまでの光の道筋をかきなさい。

図３

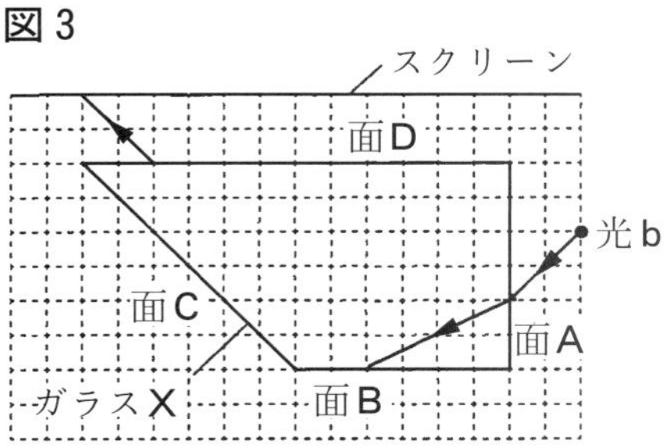

〈実験２〉

図４のように，質量80ｇの物体**E**をばね**Y**と糸でつないで電子てんびんにのせ，ばね**Y**を真上にゆっくり引き上げながら，電子てんびんの示す値とばね**Y**の伸びとの関係を調べた。**表**は，その結果をまとめたものである。ただし，糸とばね**Y**の質量，糸の伸び縮みは考えないものとし，質量100gの物体にはたらく重力の大きさを1.0Ｎとする。

図４

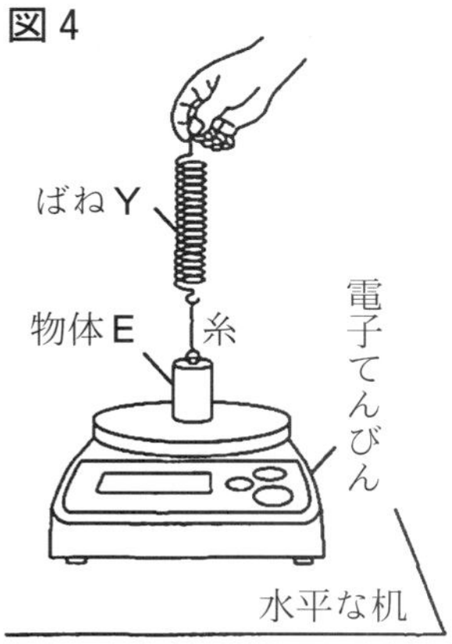

表

電子てんびんの示す値〔ｇ〕	80	60	40	20	0
電子てんびんが物体Ｅから受ける力の大きさ〔Ｎ〕	0.8	0.6	0.4	0.2	0
ばねＹの伸び〔cm〕	0	4.0	8.0	12.0	16.0

(4)　電子てんびんの示す値が80ｇのとき，物体**E**にはたらく上向きの力は何か，書きなさい。

(5)　**表**をもとに，手がばね**Y**を引く力の大きさとばね**Y**の伸びとの関係を表すグラフをかきなさい。

(6)　**〈実験２〉**で，ばね**Y**の伸びが6.0cmのとき，電子てんびんは何ｇを示すか，求めなさい。

(7)　**図４**の物体**E**を，質量120gの物体**F**にかえて，**〈実験２〉**と同じ方法で実験を行った。電子てんびんの示す値が75gのとき，ばね**Y**の伸びは何cmか，求めなさい。

の傾きを求めなさい。（3点）

求め方

答

12 右の図のように，長方形ＡＢＣＤから点Ｃを中心とする半径ＢＣのおうぎ形を取り除いた図形がある。この図形を，辺ＤＥを軸として1回転したときにできる立体の体積を求めなさい。ただし，円周率はπを用いて表すこと。（3点）

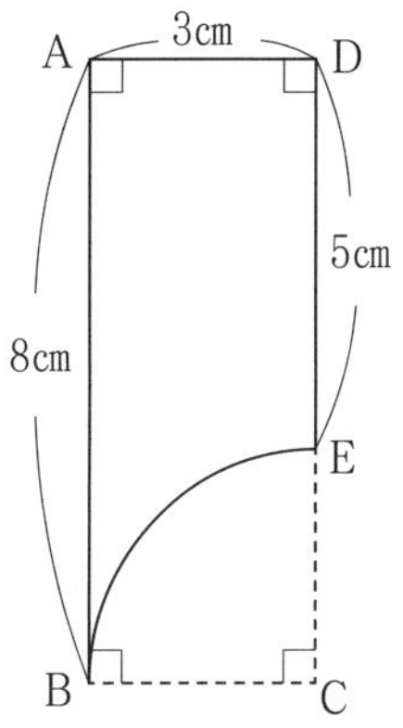

求め方

答　cm³

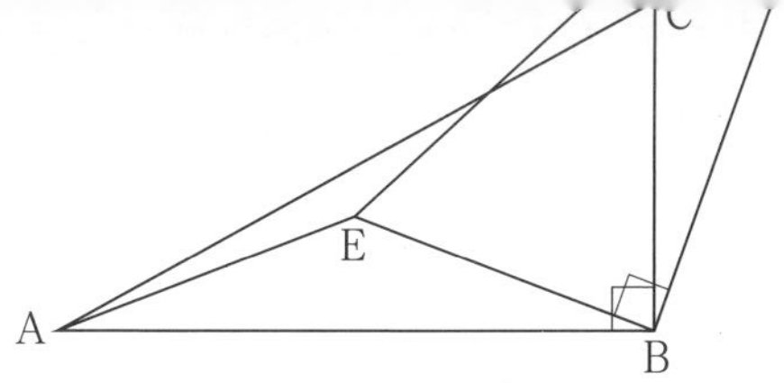

〈証明〉

出発し，途中の公園で10分間休憩し，午後 3 時10分に学校に着いた。このとき，動物園から公園までの歩く速さは分速70m，公園から学校までの歩く速さは分速60mであった。

学校から公園までの道のりをx m，公園から動物園までの道のりをy mとして連立方程式をつくり，学校から公園までの道のりと，公園から動物園までの道のりをそれぞれ求めなさい。（4点）

連立方程式 $\begin{cases} \\ \end{cases}$

解き方➡

答

学校から公園までの道のり	m
公園から動物園までの道のり	m

(2) 午後 6 時になったとき，加湿器の中に残っている水の量は，どちらの加湿器の方がどれだけ多いかを求めなさい。（3点）

求め方➡

答 加湿器　　　の方が　　　mL 多い

注意：裏面にも問題があります

答

3 次の方程式を解きなさい。（2点）

$$\frac{3}{4}x-1=\frac{3}{8}x+2$$

解き方

答　$x=$

4 $x=-\frac{2}{3}$，$y=6$のとき，次の式の値《あたい》を求めなさい。（2点）

$$(3x^2y-15xy^2)\div(-6x)$$

求め方

答

答

(2)　第3四分位数が含まれる階級を求めなさい。

答　m以上　m未満

7 当たりが2本，はずれが3本入ったくじがある。Aさんがこのくじを1本引いた後，元に戻さずにBさんがこのくじを1本引く。このとき，2人ともはずれくじを引く確率を求めなさい。ただし，どのくじを引くことも同様に確からしいものとする。（3点）

求め方

答

(5) **資料5**は，1960年度から2010年度における，野菜と果実の国内自給率の推移を示したものである。**資料6**は，1960年度から2010年度における，野菜と果実の国内生産量と輸入量の推移を示したものであり，**ア～ウ**は，野菜の国内生産量，野菜の輸入量，果実の輸入量のいずれかを示している。**資料5**を参考にして，果実の輸入量にあたるものを，**資料6**の**ア～ウ**から1つ選び，記号を書きなさい。

資料5　野菜と果実の国内自給率の推移

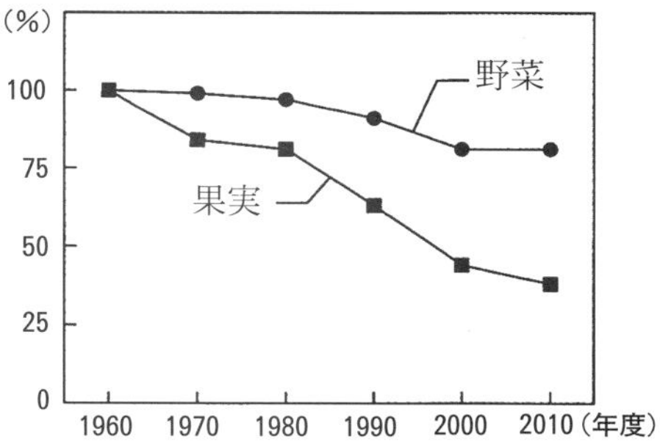

資料6　野菜と果実の国内生産量と輸入量の推移

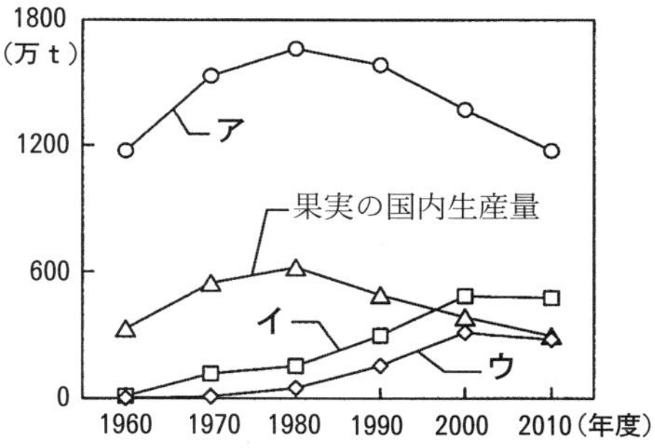

(6) 瀬戸内海沿岸には，瀬戸内工業地域が形成されている。これについて，次の問いに答えなさい。

① 瀬戸内工業地域は石油化学工業が発達した工業地域である。**資料7**は，日本の石油化学コンビナート所在地を表したものである。**資料8**は，日本の原油生産量と原油輸入量を示したものである。日本において，石油化学コンビナートはどのような場所に立地しているか。**資料7**から読み取りなさい。また，その理由を，**資料8**から読み取れることに関連付けて，書きなさい。

資料7　石油化学コンビナート所在地

資料8　日本の原油生産量と原油輸入量

	生産量（千kL）	輸入量（千kL）
2019年	522	175489

② 関東地方から九州地方北部にかけては，瀬戸内工業地域などの工業地域が帯状に連なっている。この帯状の工業地域を何というか，名称を書きなさい。

(7) 英太さんは，岡山県と**地図2**中の[C]県の通勤・通学者数の変化を示した**資料9**を見つけた。また，**資料9**に見られる変化の原因を調べていくうちに**資料10**を見つけた。1980年から2015年にかけて，岡山県と[C]県の通勤・通学者がそれぞれ増えた理由を，**資料10**を参考にして書きなさい。

資料9　岡山県・[C]県の通勤・通学者数の変化（人）

	1980年	2015年
岡山県から[C]県へ	541	2453
[C]県から岡山県へ	834	2170

資料10　中国四国地方の高速道路の整備

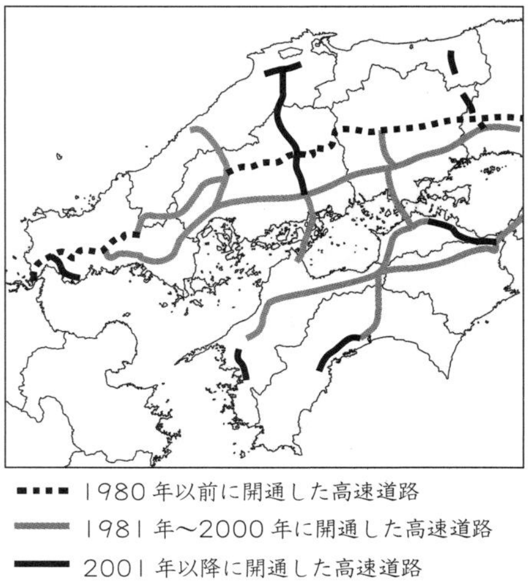

3　**教子さんのクラスでは，歴史の授業で外国と関係のあった日本の地域について発表するため，カードや資料を作成した。**

カードP

この地域にある都市は，a唐などが攻めてくるのに備えて守りを固めるために設けられた。そのため，この都市の周辺には，（　**あ**　）からの渡来人たちの力を借りて，いくつものb防御施設が造られた。

カードQ

この地域にある都市は，日宋貿易を進めるために，c平清盛によって整備された港を有している。のちのd日明貿易においても海上交通の要所の１つとされ，現在でも日本有数の貿易港となっている。

カードR

この地域にある都市は，（　**い**　）人により伝えられた鉄砲を大量生産することで繁栄した。またe織田信長により，この地は自治を奪われることとなった。

カードS

この地域にある都市は，江戸時代の御三家の１つの城下町として栄えた。のちに繊維産業に関連した技術を生かしたものづくりがさかんとなり，戦後日本有数の工業地帯に発展し，生産された製品を輸出する港も日本有数の貿易港になった。

カードT

この地域にある都市は，出島に（　**う**　）の商館が置かれるなど，江戸幕府にとって外国との貿易の窓口であった。のちにfフェートン号事件が起きたり，（　**え**　）の使節レザノフがこの地に来航したりした。

カードU

この地域にある都市は，g1858年に結ばれた条約により開かれた港の１つを有している。のちに日本の貿易の中心地となり，この都市と新橋の間に日本で初めての鉄道が開通した。

地図１

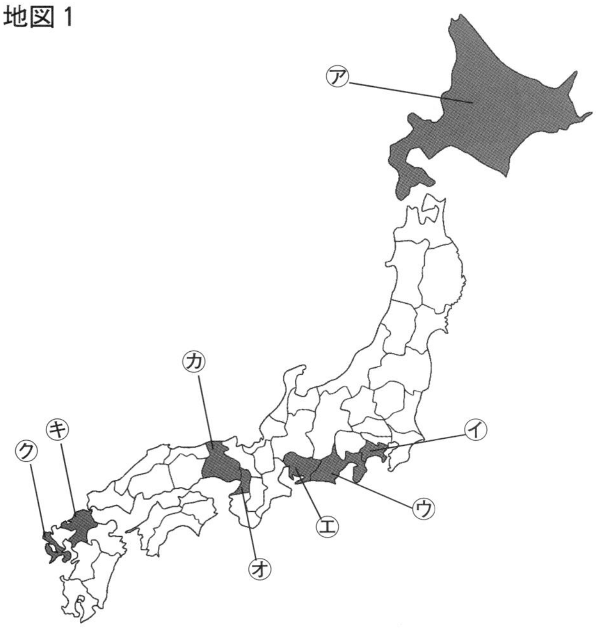

年表１

年号	出来事	
607	小野妹子が遣隋使として派遣される	
		ア
645	大化の改新が始まる	
		イ
672	壬申の乱が起きる	
		ウ
710	平城京に都が移される	
		エ
784	長岡京に都が移される	

資料１

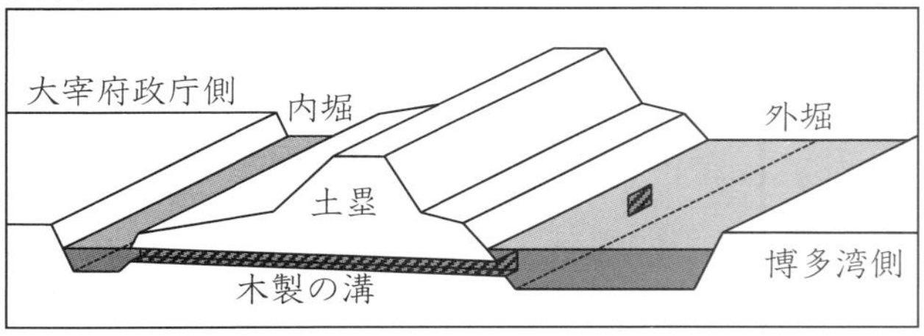

(1)　**カードP**から**カードU**の地域にあてはまらないものを，**地図１**の㋐～㋗から２つ選び，記号を書きなさい。

(2)　**カードP**について，問いに答えなさい。

①　下線部**a**が考えられた原因は，ある戦いに大敗したからである。この戦いの名称を書きなさい。また，この戦いが行われた時期を，**年表１**の**ア**～**エ**から１つ選び，記号を書きなさい。

②　（　**あ**　）にあてはまるものを，次の**ア**～**エ**から１つ選び，記号を書きなさい。

ア　漢　　**イ**　高麗　　**ウ**　百済　　**エ**　秦

③　下線部**b**について，大宰府を防衛するために直線状の堀と土塁からなる**資料１**が築かれた。**資料１**の防御施設を何というか，書きなさい。

(3) **カードQ**について，問いに答えなさい。

① 次の文は，下線部**c**についてまとめたものである。（ ㋑ ）にあてはまる語句を書きなさい。また，（ ㋺ ）にあてはまる内容を，**資料2**から読み取り書きなさい。

平清盛は，武士として初めて（ ㋑ ）になり，政治の実権をにぎり，（ ㋺ ）にして，権力を強めた。

資料2 平氏の系図の一部

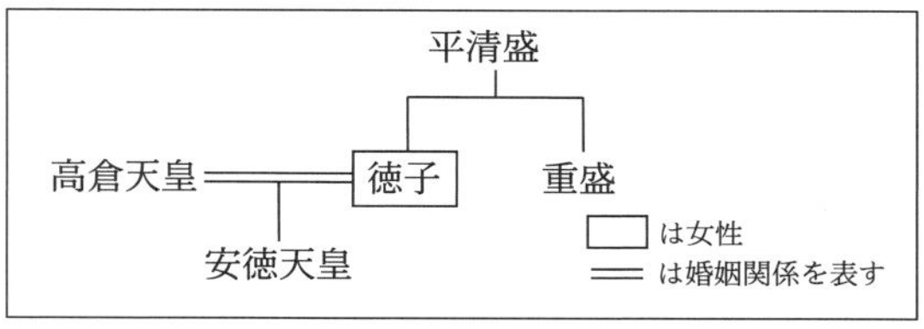

② 次の**ア**～**エ**は，下線部**c**と対立していた源氏や鎌倉幕府に関連する出来事である。**ア**～**エ**を年代の古い順に並べ替え，記号を書きなさい。

ア 後鳥羽上皇が鎌倉幕府を倒すために挙兵した。

イ 源頼朝が征夷大将軍に任じられた。

ウ 御家人の権利や義務などの武士の慣習をまとめた御成敗式目を制定した。

エ 国ごとに守護を，荘園や公領ごとに地頭を設置することを朝廷に認めさせた。

③ 下線部**d**を始めた人物が建てた建築物として適切なものを，次の**ア**～**エ**から１つ選び，記号を書きなさい。

ア

イ

ウ

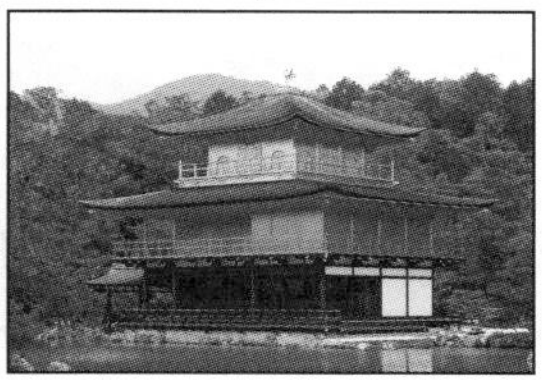

エ

④ 次の文は，下線部**d**を説明したものである。**資料3**，**資料4**を参考にして，（ ㋑ ），（ ㋺ ）にあてはまる語句を書きなさい。

明の皇帝は，（ ㋑ ）を条件として，正式な貿易船を区別するための（ ㋺ ）を日本側に与えた。

資料3

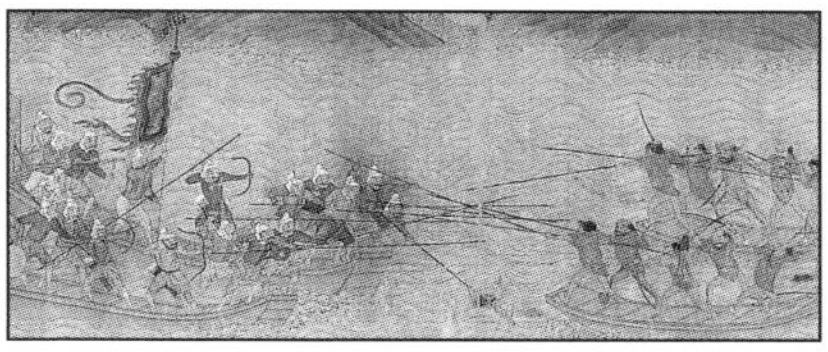

資料4

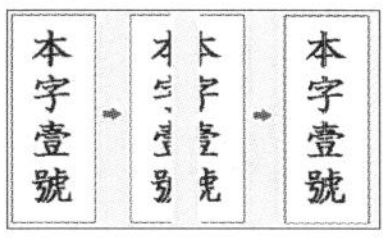

(4) **カードR**について，問いに答えなさい。

① （ **い** ）にあてはまる国を，**地図2**の**ア**～**エ**から１つ選び，記号を書きなさい。

② **資料5**は，下線部**e**が出した法令の一部である。この法令を出した目的を「座」「市場」という語句を使って書きなさい。

資料5 織田信長が出した法令の一部

一　この安土の町は楽市としたので，いろいろな座は廃止し，さまざまな税や労役は免除する。

③ 下線部**e**は，**資料5**の法令を出す前に，自由な交通を可能とするための政策を行った。自由な交通を可能とするために廃止された交通の要所にあったものは何か，書きなさい。

地図2

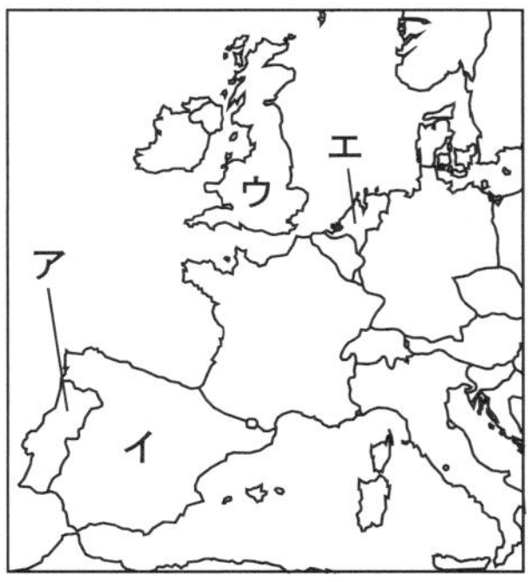

(5) **カードS**から教子さんは貿易港に興味を持ち，**カードS**と異なる貿易港について**資料6**，**資料7**，**資料8**を見つけた。**資料6**，**資料7**，**資料8**中の**Z**港のある地域はどこか。**地図1**中の㋐～㋗から１つ選び，記号を書きなさい。

資料6 Z港と東京港の貿易額の比較（2019年）

貿易港	輸出額（百万円）	輸入額（百万円）
東京港	5823726	11491331
Z港	2977283	1046491

資料7 Z港の主な輸出相手国や地域と輸出額（2019年）

主な輸出相手国や地域	輸出額（百万円）
中国	864866
（ホンコン）	477992
韓国	465464
その他	1168961

資料8 Z港の輸出品目の割合（2019年）

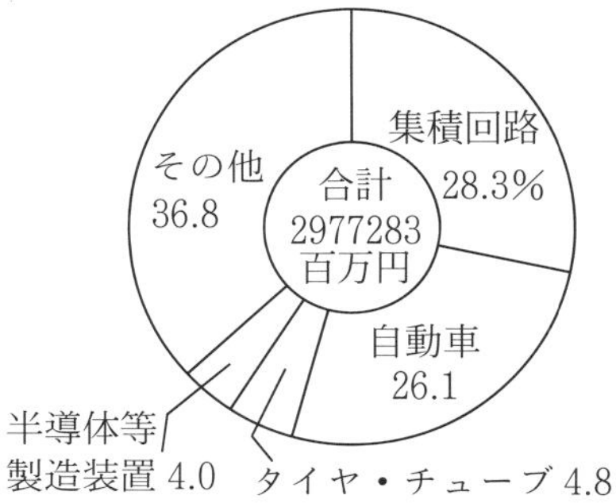

(6) **カードT**について，問いに答えなさい。

① （　**う**　）と（　**え**　）の国の組み合わせとして正しいものを，次の**ア**～**エ**から１つ選び，記号を書きなさい。

ア　（**う**）オランダ　（**え**）ロシア　　　**イ**　（**う**）スペイン　（**え**）ロシア

ウ　（**う**）オランダ　（**え**）ドイツ　　　**エ**　（**う**）スペイン　（**え**）ドイツ

② 下線部 **f** に関連して，18 世紀末から 19 世紀前半にかけて，通商を求めて日本の沿岸に現れるようになった外国船に対する江戸幕府の対応を，**年表２**，**資料９**，**資料 10**，**地図１**の㋐の地域にふれながら，60 字程度で説明しなさい。

年表２

年号	出来事
1792	ラクスマンの来航
1798	近藤重蔵が国後島を調査する
1804	レザノフの来航
1808	フェートン号事件が起きる
1825	江戸幕府が法令を出す
1837	モリソン号事件が起きる
1839	蛮社の獄が行われる

資料９　近藤重蔵が作成した地図

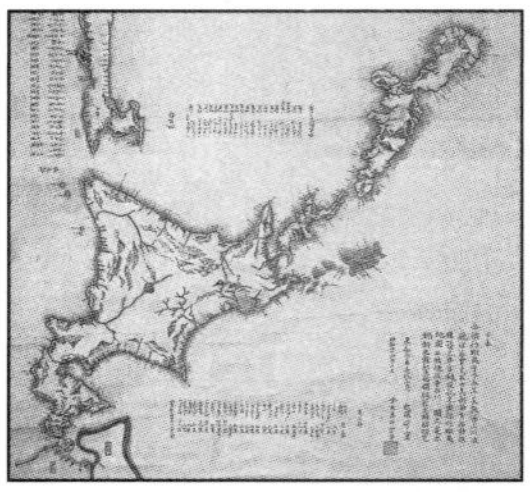

資料 10　高野長英が幕府の政策を批判した文書の一部

> 打払いを行えば，イギリスは日本を理非もわからない野蛮な国と思い，不義の国であると他国にいいふらし，日本は礼儀を重んじる国としての名誉を失うことになる。

(7) **カードU**について，明治政府は，下線部 **g** が日本にとって不利な条約であったため，条約改正交渉を行ったが，初めは改正に応じてくれる国はなかった。しかし，日清戦争直前になってイギリスが改正交渉に応じ，不平等条約の一部が改正された。教子さんは，イギリスが改正交渉に応じてくれた理由を考え，次のようにまとめた。**教子さんのまとめ**の（　㋑　）と（　㋺　）にあてはまる語句を，**年表３**，**資料 11** を参考にして書きなさい。

年表３

年号	出来事
1885	内閣制度が創設される
1889	大日本帝国憲法が発布される
1890	第一回帝国議会が開催される

資料 11　1890 年代の日本と周辺諸国

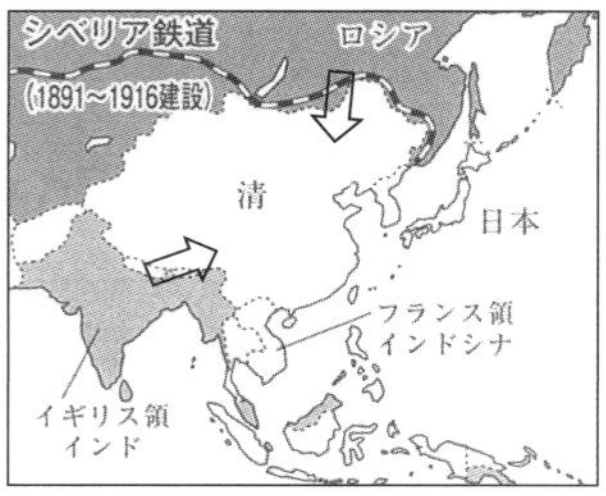

南に領土を広げたいロシアは，
清に進出したイギリスと対立を深めていた

教子さんのまとめ

> 日本がイギリスとの間で条約改正に成功したのは，**年表３**にあるように，日本が（　　㋑　　）を整えたことを受けて，**資料 11** にあるように，（　　㋺　　）ことが必要であったイギリスが，日本の協力を得るために交渉に応じたからだと考えられます。

(8) 教子さんは，**カードU**以降の外国との関係についても考えた。

① 次の文は，**資料 12** について説明したものである。（　　　）にあてはまる内容を，**資料 13** を参考にして「承認」という語句を使って書きなさい。

> **資料 12** は，1933 年２月の国際連盟の総会で，（　　　　　）の引き上げを求める勧告が採択されたときのものです。これに反発した日本政府は，翌月に国際連盟からの脱退を通告しました。

資料 12

聯盟よさらば！遂に
總會勸告書を採擇し
我が代表堂々退場す
四十二對一票，棄權一

資料 13

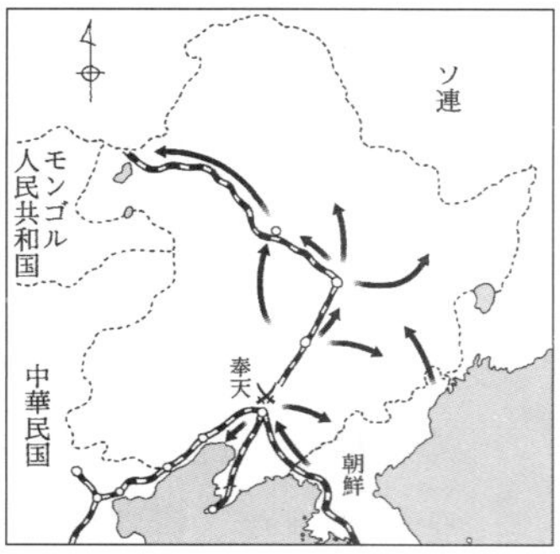

矢印は日本軍の進路を示している

② 次の**ア**～**エ**は，**カードU**以降の外国との出来事を，新聞記事の見出しのようにまとめたものである。年代の古い順に並べ替え，記号を書きなさい。

ア　「日独伊三国同盟成立　ベルリンで調印」

イ　「沖縄が日本復帰　『平和の島』を誓う」

ウ　「戦争終結の公式文書発表　ポツダム宣言を受諾」

エ　「サンフランシスコ平和条約調印　49 か国が署名」

三　次の文章を読んで、あとの問いに答えなさい。

　十七歳の篤《あつし》は、大相撲《おおずもう》の取組前に力士の名を呼び上げる呼出《よびだし》として朝霧《あさぎり》部屋に入門した。名古屋場所の準備作業の合間に、呼出の兄弟子である直之《なおゆき》や達樹《たつき》と三人で昼食をとったとき、篤は、達樹から呼出の新弟子が入ることを聞かされた。次の文章は、その後に続く場面である。

　十五時前に一日の作業が終わると、直之さんが「喉渇《のどかわ》いたし、ちょっとひと休みしてから帰らねえ？」と今度はお茶に誘《さそ》ってきた。篤もすっかり喉が渇いていたので、誘われるがまま、隣の駅近くにある喫茶店《きっさてん》に入った。

　ところが注文したアイスコーヒーが運ばれてくるやいなや、「達樹が言ってた話だけど。お前、新弟子が入ってくるのが不安なんだろ」と言い当てられ、ぎくりとした。

　どうやらその話をするつもりで、お茶に誘ったらしい。午後の篤は、①何度か手が止まってしまい、たびたび注意を受けていた。ここ数場所は、そのように注意されることはなかったので、直之さんが②異変に気づくのも無理はない。

「……ああ、はい。そうっすね」

　またみっともないことをしてしまった、と思ったが仕方なく白状した。

　その新弟子は、呼び上げや*1土俵築《どひょうつき》、太鼓《たいこ》なんかも、そのうち自分より上手くこなすかもしれないと不安になり、思考とともに、手も止まっていた。

　篤の返事を聞くと、直之さんは小さくため息をついた。

「なんでお前はそんなに自信なさげなんだよ。この一年で、お前は充分変わったよ。だって、ほら」

　そう言って直之さんは手を伸ばして、篤の腕を軽く叩《たた》く。上腕には小さな力《ちから》瘤《こぶ》がついていた。思い返せば一年前の篤の腕は枝のように細くて、ひたすらにまっすぐな線を描いていた。

「その腕だって、土俵築ちゃんとやってきたからじゃん。呼び上げだってたまに調子外すけど、声も太くなってきたし。太鼓も、テンポゆっくりめになるけど必死になって叩いてるって、*2進《すすむ》さんから聞いたぞ」

「……なんか、褒《ほ》められてる気がしません」

「ああ、ごめんごめん」

　直之さんが、③仕切り直すようにアイスコーヒーを一口飲んだ。

「お前は怒られることも失敗することもたくさんあったけどさ、一年間、逃げずにやってきただろ。ちゃんと、お前は頑張ってたよ。近くで見てきた俺が言うんだから、間違いない」

　そうきっぱりと言われて、思わず直之さんの顔をまじまじと見た。直之さんは一瞬、何だよと渋い顔をしたが、話を続けた。

「まだできないことも多いかもしれないけど、この一年、真面目にやってきただけでも充分偉いじゃん。今みたいに不安になるのも、お前がこの仕事に真剣になってる証拠だよ。たとえ新弟子がめちゃくちゃできる奴《やつ》でもさ、大丈夫。④お前なら、これからもちゃんとやっていける」

　お前なら、ちゃんとやっていける。

　今しがたかけられた言葉が、耳の奥で響く。

　同い年なのに仕事ができて、しかも頼りがいのある直之さんみたいになりたいと、ずっと思ってきた。まだ目標は達成できないかもしれないが、その直之さん本人から認められ、胸がすっと軽くなるのがわかった。

　……そっか。こんな俺でも、大丈夫なんだな。

　直之さんは急に真顔になって、もう二度とこんなこと言わねえからな、とストローを咥《くわ》え、黙ってアイスコーヒーを吸い上げた。

「あの……ありがとうございます」

　それでも篤が深々と頭を下げると、⑤直之さんは少しだけ笑ってみせた。

　名古屋場所前日の*3土俵祭《どひょうまつり》でも、最後に*4触れ太鼓の番があった。担《かつ》いでいる太鼓を、兄弟子がトトントントンと打ち鳴らす音を、篤も一緒《いっしょ》に歩きながら聞いていた。先月練習したのと同じ節回しのはずなのに、篤が叩いていた音とは違った。軽やかで、何の引っかかりもなく聞こえる。

　耳元で⑥その音を聞きながら、明日からいよいよ土俵上の戦いが幕を開けるのだと実感した。最後に力強くトトン、と音が鳴り、土俵祭が終わった。

自分が世界のなかで効力を持てる存在になりたいという気持ち」でもあります。自分を含《ふく》めただれかの苦しみを取り除きたいとか、だれかに楽しさを与えたいといった目的を持ち、そのために何かができるようになりたいというのが人間の学びへの動機になります。ごく単純に言えば、楽しいこと、面白《おもしろ》いことをやりたい、そして嫌《いや》なことを避《さ》けたいという気持ちに素直《すなお》になり、そのために何かがやりたいと思うことが動機づけとなるのです。

何かをうまく達成するためには、先人たちの残してくれた知識が役に立ちます。ひとつ目の「見取り図や地図のようなもの」がそれにあたります。逆に言えば、何かをできるようになりたい。それで苦しみを取り除いたり、楽しみを増やしたりしたい、そういう気持ちがなければ、知識を求める意欲が湧《わ》かないのです。いくら先人の築いた知識があっても、自分の行動の役に立ってくれなければ意味がありません。

では、どうすれば、何かができるようになりたいと思うでしょうか。それは、まさに何かをやってみたり、あるいは、だれかが何かをやっているのを見たりして、それが苦しみを取り除き、楽しみを与えてくれているのを知る経験から生まれます。

〈中略〉

このように具体的に何かができるようになりたいという意欲が、知識とスキルの必要性を理解させ、さらにそれを改良しようとする気持ちにつながります。

(河野哲也『問う方法・考える方法―「探究型の学習」のために』ちくまプリマー新書より)

*1 調度…日常使用する道具、家具など。
*2 初等中等教育…高等学校までの教育。
*3 蔑ろ…大事にしなければならないものを軽く考えて粗末に扱っているさま。

問一 「①人間の行う知的活動」とはどのような活動か。二種類の活動を、それぞれ文章中から九字で抜き出して書きなさい。

問二 ——a～dのうち、他と品詞が異なるものを一つ選び、記号を書きなさい。

問三 「②これらは、文化と文明の両面を持っていると言えます」とあるが、「家屋」が持つ「文化」と「文明」の側面とはどのようなことか。それぞれ文章中の言葉を使って書きなさい。

問四 「③文化は不必要な贅沢品だと言うことはできません」と筆者が考える理由を、筆者の経験を踏まえて書きなさい。

問五 ［　　］にあてはまる言葉として適切なものを次のア～エから一つ選び、記号を書きなさい。

ア つまり　**イ** ところで　**ウ** しかし　**エ** なぜなら

問六 「④一種の見取り図のようなもの、あるいは地図のようなもの」とあるが、これはどのようなものか。文章中から十字以上十五字以内で抜き出して書きなさい。

問七 筆者は、「学ぼうとする意欲」を持つことが大切だと考えているが、私たちがそのような意欲を持つためには、学校で学習する上で、どのようなことを心がければよいか、あなたの考えを六十字以上八十字以内で書きなさい。ただし、文体は常体でも敬体でもよい。

一　次の――線の漢字には読み仮名をつけ、平仮名は漢字に直しなさい。

① 戦線を離脱する。
② 空虚な理論。
③ 参加者を募る。
④ 人手が要る。
⑤ せっきょく的に取り組む。
⑥ ふんまつのお茶。
⑦ 合格をいわう。
⑧ ごみをひろう。

二　次の文章を読んで、あとの問いに答えなさい。

①人間の行う知的活動には二つの種類があるといってよいでしょう。ひとつは苦しみを減らす活動で、これを「文明」と呼ぶことにします。もうひとつは喜びをもたらす活動で、これを「文化」と呼びましょう。

医療《いりょう》は、ケガや病気を治療《ちりょう》し、予防しようとするのですが、それは苦しみを減らそうとする努力です。水道事業もa渇《かわ》きの苦しみや汚《よご》れた水を飲むことの危険性、b遠くまで水を汲《く》みにいかなければならないc不便さをなくそうとするものです。交通ルールは、事故を防ぎ、安全でスムーズな道路の運行を作り出そうとしています。これらはなくてはならないd必要なものを生み出すという意味で、文明だと言えるでしょう。

他方で、素敵《すてき》な音楽を演奏する。美味《おい》しい料理を作る。楽しいお祭りやイベントを運営する。脚本《きゃくほん》を書いて、お芝居《しばい》を興行する。これらは人々に喜びを与《あた》えるものですから、文化と言えるでしょう。文化は、命の維《い》持《じ》を超《こ》えた価値を作り出し、人間らしい生活を提供してくれます。

もちろん、全てのものが二つにかっちりと分類できるわけではありません。スポーツはやって楽しいものですが、同時に健康づくりや病気の予防にもなるでしょう。家屋は、人が雨露《あめつゆ》をしのいで休息と睡眠《すいみん》をとる場所ですが、外見や[*1]調度が美しく、心のゆとりを与えてくれるものにもなります。②これらは、文化と文明の両面を持っていると言えます。

しかし、③文化は不必要な贅沢品《ぜいたくひん》だと言うことはできません。私が、東日本大《だい》震災《しんさい》が起こった三カ月後くらいに被災地《ひさいち》にお見舞《みま》いに行ったときのことです。小説まだ公共施設《しせつ》で寝泊《ねとま》りしている人たちが、お子さんから高齢者《こうれいしゃ》の方まで、小説や勉強になる本が読みたいと訴《うった》えていました。被災した人々は、まだまだ生活が厳しい中でも、必要な情報を知りたいからというだけでなく、文化としての楽しみを得ようとして書物を探していたのです。小さな仮設図書館が開かれると、ひっきりなしにいろいろな年代の方が本を借りにきました。このときほど、人間は根源的に文化を必要としているのだと実感したことはありません。文化を求めるのは人間であることの証《あかし》です。

今、文化と文明という大きな枠組《わくぐ》みを述べましたが、探究型の授業のテーマとなるのは、このどちらか、あるいは両方に関わっているはずです。□、苦しいことを減らそうとするのか、楽しいことを増やそうとするのか、あるいは、その両方を兼《か》ねたものかです。

探究型の授業を行うのに、一番大切なのは、学ぶ側が学ぼうとする意欲を持っているかどうかです。[*2]初等中等教育で行うべき最も大切な教育は、生徒に一生学ぼうとする動機づけを与えることです。これが[*3]蔑《ないがし》ろにされては学習が成り立たず、学習のないところには教育は存立しえません。

では、人はどういうことに学ぼうとする意欲を持つでしょうか。「知りたい」という気持ちには、大きく言って二種類の動機があると思います。ひとつは、世界がどうなっているかが分かるような、④一種の見取り図のようなもの、あるいは地図のようなものがほしいという願望です。これは子どもの頃《ころ》からの好奇《こうき》心《しん》に近いものです。

もうひとつは、何かができるようになりたいという気持ちです。これは、「ケーキの作り方が知りたい」「自動車の運転ができるようになりたい」「うまくダンスが踊《おど》れるようになりたい」といったように、「ある行為《こうい》ができるようになりたい」という気持ちのことです。

そしてこの何かができるようになりたいという気持ちは、「何かを達成して、

合格判定テスト
実力診断
――国　語――
その１

注　意

１．問題は６ページあります。どの問題から始めてもかまいません。

２．制限時間50分，50点満点のテストです。

３．答えは，**別紙の解答用紙**に，はっきりとていねいに書きなさい。
解答に字数制限がある場合は，句読点も１字として数えること。

教英出版

120点以上 145点未満…合格圏　　145点以上…合格安全圏

足羽高校（普通）	丸岡高校	三国高校
丹生高校	敦賀高校（商業，情報経理）	美方高校（生活情報，食物）
敦賀工業高校	坂井高校（食農科学，機械・自動車，ビジネス・生活デザイン）	
武生商工高校	若狭東高校（ビジネス情報）	

＜145点以上をとれるようにしよう＞　　各教科の目標点数は 145 ÷ 5 = 29点！

100点以上 130点未満…合格圏　　130点以上…合格安全圏

足羽高校（多文化共生）	若狭高校（海洋科学）	福井農林高校
科学技術高校	坂井高校（電気・情報システム）	
奥越明成高校	若狭東高校（生活創造，地域創造，電気・機械）	

＜130点以上をとれるようにしよう＞　　各教科の目標点数は 130 ÷ 5 = 26点！

※ 羽水高校（探究特進），勝山高校（探究特進）は新設のため，一覧表に掲載していません。

2025年春　福井県公立高校受験
志望校合格判定テスト・実力診断

このテストの使い方

始める前に

◇カバーの裏面にある図を見て，収録物の確認をしてください。

テストの進め方

◇**各教科50分**で実施してください。始める前に，表紙の注意をよく読んでください。折り目に印刷してある帯状の部分は，違法コピーを防止するためのものです。

◇放送による問題は，教英出版ウェブサイトで音声を聴きながら行ってください。ウェブサイトでは，音声を何度でも無料で聴くことができます。**音声を聴くためのくわしい説明は，右のページにあります**。なお，音声をダウンロード購入していただくことも可能です。音声のダウンロード購入につきましては，書籍ＩＤ番号を入力した先のページをご覧ください。

◇音声の原稿は，**「正答例と解説」**内の【放送文】にあります。ウェブサイトで音声を聴くことができない場合は，そちらを読みながらテストを実施してください。

判定基準一覧表について

◇判定基準一覧表には，全日制の公立高校(新設２年以内を除く)を掲載しています。学科・コース等が複数ある高校で，判定のめやすとなる点数が異なる場合は分けて掲載しています。

◇判定基準は，「合格圏」以上の点数であったとしても，合格を保証するものではありません。現在の自分の実力を知るための１つの資料としてとらえ，今後の学習に役立ててください。

◇このテストは，**各教科50点満点で合計250点満点**になっています。判定基準はこのテストをもとに設定されているため，実際の公立高校入試の５教科の合計点数や傾斜配点に対応していない場合があります。

◇判定基準一覧表は，2023年11月時点の情報をもとに制作しています。